미국 패권의 중국 위협론

역사와 현실

美国霸权版“中国威胁”谰言的前世与今生
著者:陈安

민속원 학술문고 041

미국 패권의 중국 위협론

역사와 현실

천안陳安 지음
조청봉·탕쿤 옮김

민속원

● 저자 머리말

이 책은 중대한 국제 이슈와 이론에 관해 통속적이고 알기 쉽게 설명한 책이다. 역사 사실에 기반해 중국위협론이라는 허망한 주장을 폭로하고 국제사회에서 유행하는 패권주의와 강권정치를 비판한다. 동시에 중화의 정기를 선양하며 중화민족의 애국주의 사상을 널리 알리려고 한다. 이 책의 내용은 철학과 사회과학 학계에서 현재 진행되고 있는 가장 최근의 연구성과라고 할 수 있다. 전문가들의 엄격한 심의를 거쳐 중국 "교육부 철학 사회과학 연구의 보급 저서 프로젝트"에 선정되어 연구비를 지원받았다. 이에 특별히 감사드린다.

이 책의 작성 과정에 샤먼대학교厦門大學 국제경제법 연구소 쟝워이蒋围 박사가 오랜 시간 동안 큰 도움을 주었다. 양판杨帆 박사와 구이나谷伊娜 박사도 여러 측면에서 지원을 아끼지 않았다. 편집과 수정 과정에 쟝수江苏인민출판사 쉬하이徐海총경리의 따뜻한 도움에 감사드린다.

저자로부터

차례

Ⅰ.
머리말

이 책은 확실한 목표를 갖고 현시점의 폐해를 분명하게 짚어내고 있다. 또한 글과 그림이 잘 조합되어 일반인들도 쉽게 읽을 수 있는 이론서다. 구체적으로 역사학, 법학, 정치학의 종합적인 시각으로 사실을 이야기하고 이치를 설명하면서 진실을 알리고 있다. 이 모든 노력은 바로 현재 국제사회에서 성행하고 있는 중국 위협론의 허위성을 밝혀내고 비판하기 위한 데 있다. 이 책은 대량의 역사적 사례를 인용하여 중국은 전통적으로 평화적 외교를 추진했다는 사실을 법리적 시각으로 증명하고 있다. 이를 통해 중화의 정기와 화하華夏의 문명, 더 나아가 중화민족의 애국주의 사상을 널리 알리고자 한다.

1. 구성과 특징

이 책의 연구주제는 현재 국제사회의 뜨거운 관심을 받고 있는 중국 위협론이다. 구체적으로 머리말과 세 장으로 이루어진 본론 및 맺는 말로 구성되어 있다. 본론의 제1장은 서론으로 〈중국 위협론 - 역사인가 현실인가? 허구인가 진실인가?〉라는 주제로 시작하고 있다. 또한 제2장은 〈황화론 - 중국 위협론의 본원과 실질〉이라는 주제로 서방세계에서 기원한 중국 위협론의 허구성을 비판하고 있다. 마지막으로 제3장은 〈역사의 진실 - 중국의 대외 경제 교류 역사와 법리적 원칙〉을 다룬다.

이 책의 특징은 주제와 연관된 사진 130여 장을 수집하여 배경 설명을 곁들이고 있다는 점이다. 정성을 들여 다각적으로 선별된 사진들은 문장의 요처에 배치되어 독자들이 역사적 사실을 더 정확하게 이해하는데 도움을 주고 있다.

2. 주장과 이론

최근 몇 년 간 미국의 일부 인사들이 설파하고 있는 중국 위협론은 우선 그 사실의 진실 여부를 따지지 않더라도 분명히 중요한 현실적 문제이다. 그러나 중국 위협론의 확산이라는 현상만을 가지고 비판이나 반론을 제기하면 단순한 언쟁의 늪에 빠져 버리기 쉽다. 문제의 본질과 근원을 이해하지 못한다면 인식론의 측면에서 편파적인 과오를 범할 위험이 있다. 반면에 현실 문제와 역사적 맥락을 연결시켜 성찰의 시각을 가질 수 있다면 불패의 위치에 설 수 있을 것이다. 역사로부터 현실문제를 통찰할 수 있는 종합적 분석의 방법을 이용하여 문제의 본질을 분석하여 상대방의 비방에 태연하게 대응해야 한다. 이 책은 이상의 논리에 근거하여 중국 위협론이라는 화두에 대해 분석을 진행하려고 한다. 그 기본 주장과 이론적 혁신은 아래와 같다.

첫째 역사학, 법학, 정치학의 세 가지 시각으로 중국 위협론에 대해 종합적인 분석을 진행한다. 이로써 중국 위협론의 역사와 현재, 겉과 속을 미시적인 시각에서 거시적인 시각까지 보여주려고 한다. 중국의 부상과 더불어 미국의 일부 정치인과 군부 인사, 학자들 사이에서 중국 위협론이 다시 뜨거운 화두로 떠올랐다. 각양각색의 중국 위협론은 이론적 진화를 거쳐 어느 정도 설득력도 갖고 있는 상황이다. 하지만 역사의 거울을 통해 들여다보면, 소위 새롭게 등장한 중국 위협론은 모두 19세기 중후반기 러시아 차르와 독일황제 시기에 유행했던 '황화론'과 맥락을 같이 하고 있다는 것을 발견할 수 있다. 사실 19세기 후반기 서방세계가 중국을 비난했던 본질은 맹목적인 인종차별과 무지에서 비롯된 과도한 자부심 때문이었다. 중국은 지난 수천 년 동안 대외교류의 역사에서 대체로 평화로운 태도를 보였다. 그러나 서방세계는 중국을 침략할 목적으로 먼저 중국 위협론을 조작하여 여론을 만들고 정치적으로 기만술을 사용했다.

둘째, 1840년 아편전쟁 이후부터 중국은 서방 열강들의 침략을 받았고 압박과 약탈의 고통을 감내해야 했다. 사실 '황화론'과 중국 위협론은 그 본질적 속성이 동일한 인종주의, 식민주의, 제국주의의 정치적 구호임이 분명했다. 또한 미국의 중국에 대한 침투 역시 절대로 역사의 우연이 아니라는 점을 폭로하려고 한다. 중국 위협론의 본질과 핵심은 모두 중국 침략에 대해 명분을 쌓기 위한 여론전에 불과했고, 또한 그 결과 중국의 이익을 침해하는 역사 사실로 증명되었다. 가장 적극적으로 중국 위협론을 주창했던 인물들은 바로 독일황제 빌헬름 2세Wilhelm II와 러시아의 니콜라이 2세Nicholas II, 나치독일의 히틀러 등으로 이미 역사의 심판을 받은 자들이다. 그렇다면 이들의 역사가 다시 부활할 것인가? 또한 현시대에 어떤 모습으로 다시 되풀이 될 것인가는 더 지켜봐야 할 것이다.

셋째, 중국은 수천 년 동안 대외 경제교류를 추진했던 경험이 있다. 이런 사실들과 법리적 원칙을 이용하여 '황화론'과 중국 위협론은 모두 역사적 진실과 동떨어진 허구라는 점을 밝힐 것이다. 시대를 불문하고 '황화론'과 중국 위협론의 가장 비열한 수법은 적반하장의 논리를 적용한다는 점이다. 다시 말해, 가해자가 먼저 피해를 당했다고 주장하면서 역사의 진실을 왜곡하고 있는 것이다.

넷째, 역사를 스승이자 거울로 삼아야 명석한 두뇌와 예리한 시각을 유지할 수 있다. 이런 교훈을 바탕으로 중국의 선량한 백성들에게 '황화론'과 중국 위협론의 폐해에 대해 경각심을 늦추지 말 것을 권고한다. "편안한 세상에 살면서 위험을 잊거나", "위험한 세상에 살면서도 위험을 알지 못하는" 우를 범하지 말아야 한다는 점을 수시로 일깨워주려고 한다. 왜냐하면 역사가 증명하듯 '황화론'과 중국 위협론은 항상 외래 세력이 중국을 침략하는 이론적 지침으로 사용되었기 때문이다. 또한 이론의 발전은 결국 중국 침략이라는 역사적 현실로 나타나기도 했다. 이 책은 동시에 중국의 주변 국가와 선량한 국민들에게도 경각심을 심어주려고 한다. 눈앞의 이해관계로 판단이 흐려져 미국 패권주의의 동맹국이 되어 불속에서 밤을 줍는 위험한 행동은 자제해야 할 것이다.

3. 사회적 영향과 학술적 평가

이 책의 일부는 영어로 번역되어 외국의 학술지에 실리기도 했는데, 학계와 외교가에서 좋은 반응을 보였다.

1. 중국어 논문은『현대법학』2011년 제6기에 권두언 형식으로 소개되었다. 해당 학술지의 사오하이邵海 책임편집위원은 아래와 같은 평가를 했다. "본문은 역사를 거울로, 역사를 스승으로 삼아 아주 쉬운 언어로 '황화론'과 중국 위협론의 본원을 소개하면서 그 본질은 결국 패권국가의 '침략 본심'이라는 사실을 밝혀냈다. 이는 많은 사람들에게 '황화론'과 중국 위협론이라는 주장이 얼마나 허황된 것인지를 보여주었고, 그 뒤에 감춰진 위험한 의도를 까발렸다. 이 논문의 발표는 "우리들에게 시시각각 경각심을 늦추지 말고 서방 학자들의 '지식패권'에 현혹되거나 추종하지 말 것을 일깨워 주었다." 저자의 "엄격한 학문 정신과 강렬한 역사적 책임감이 논문에 명확하게 드러나 독자들에게 직접 전달될 것이다." 논문은 "중요한 실천적 가치가 있을 뿐만 아니라 뛰어난 이론적 가

치도 포함하고 있다."

2. 본문에서 주장하고 있는 새로운 관점들은 대략 1만 8천자 정도 된다. 이 내용들은 이미 국가 최상위 출판사의 법학 교과서에 수록되어 출판되었다. 고등교육출판사에서 2012년에 출판한 『국제경제법신론』(제3판)과 북경대학교출판사에서 2013년에 출판된 『국제경제법학』(제6판)은 전국 대학생들의 중화민족 애국주의 교육의 교과서로 선정되어 현재 사용되고 있다. 고등교육출판사 법학분과의 쟝제姜潔 수석편집위원은 아래와 같이 평가하고 있다. "교과서에서 '황화론'과 중국 위협론의 생성 원인 및 발전 과정과 그 본질을 이처럼 전면적이고 심각하며 맥락적으로 분석한 사례는 국내에서 독보적이다. 저자는 역사와 현실, 표상과 본질을 확실한 논거로 정확하게 분석하여 독자들에게 깊은 사고를 할 수 있는 기회를 제공했다."

3. 북경대학교출판사 펑이나馮益娜 법학분과 심사위원은 다음과 같이 평가했다. "논문은 서방 정치인들이 인식하고 있는 중국의 이미지가 도대체 어떤 것인지 역사 사실을 인용해 잘 보여줬다. 역사를 스승이자 거울로 삼아야 한다는 충고는 학계에 따끔한 가르침이 되어 서방식민주의자와 패권주의국가의 강도이론을 경계하도록 주의를 준다. 또한 "편안한 세상에 살면서 위험을 잊지 말라."는 충고는 현재 새로운 국가지도자가 제기한 "중국몽中國夢을 실현하기 위해 반드시 중국정신을 강조해야 한다."는 내용과 일치한다. 논문에서 나타난 새로운 관점들은 "구상이 원대하고 문장력에 힘이 있으며 문자와 문장 사이에 애국주의와 민족주의의 강렬한 사상이 내포되어 있을 뿐만 아니라 저자의 엄격한 학술태도와 학문

적 내공이 느껴진다."

4. 중국외교부 조약과법률사 황후이캉黃惠康 사장 역시 저자의 학술적 공헌에 긍정적인 찬사를 보내 왔다. "문장에서 제시된 내용은 사료가 풍부하고 분석이 예리하며 논술이 매우 적절하여 독자들에게 감동을 주고 있다. 본인은 이미 부처 내 연구 기구에 저서의 내용을 열심히 읽게 하고 그 가운데 유익한 건의들을 수집하여 국가의 외교활동에 활용할 것을 지시했다. 동시에 외교 일선에서 활동하고 있는 젊은 외교관들에게 특히 '중국 위협론'의 역사와 현실에 대해 정확하게 인지하고 저자가 언급한 '역사를 스승이자 거울로 삼아야 한다'는 조언을 명심할 것을 강조했다." 또한 저자 본인에게도 긍정적인 평가와 감사의 인사를 전해 왔다. "저자는 고령의 나이에도 불구하고 여전히 국가의 외교사업에 열정을 불사르고 있다. 본인은 수많은 외교관들을 대표하여 저자에게 관심과 감사의 인사를 전하면서 이후에도 중국의 외교 발전에 의견과 아이디어를 제공하기를 기대한다."
5. 중국외교부 북미대양주사 세펑謝鋒 사장은 편지를 보내 감사의 인사를 전했다. "저자는 '황화론'이라는 특수한 역사 현상에 착안하여 중국 위협론의 근원을 파헤치고 있어 독자들의 주목을 받고 있다. 국가의 발전과 외교사업에 대한 지지와 성원에 감사드린다."
6. 본문의 영문판은 제네바에서 발행되고 있는 국제 저명 학술지 "Journal of World Investment and Trade"에 수록되었다. 본 저널의 Jacques Werner 편집은 논문의 주장에 적극 동의하면서 "심사 과정에서 공감을 느꼈고 가장 빠른 시간 안에 등재를 결정하게 되었다."고 밝혔다. 본문은 2012년 제1호에 첫 문장으로 실렸는데 그

분량이 58페이지에 달해 전체 학술지의 3분의 1을 차지했다. 이는 유럽에서도 본문의 주장을 중요하게 여기며 공감하고 있다는 것을 보여준다.

7. 수십 년 간 '남남협력South-South Cooperation' 사업에 투신했던 Branislav Gosovic는 '남방센터South Center'의 전임 사무총장이기도 하다. 그는 저자의 논문을 "현시대 세계정치 연구에 관한 중대한 공헌"이라고 높이 평가했다. 소위 현재 '주류'라고 부를 수 있는 국제 학계는 선진국들의 지식 패권이 독점적 지위를 차지하고 있다. 특히 정치이론이나 사회과학영역에서 엄밀한 지식패권을 형성하고 있으며 그 주도권을 이용하여 실질적인 영향력을 행사하고 있다. 이론의 고지를 점령한 이들은 의도적으로 신흥국가들 사이에서 '혐화'(중국 혐오), '증화'(중국 증오), '반화'(중국 반대)의 여론을 조성하여 중국의 이미지를 왜곡하고 주변국과 중국의 관계를 교란한다. 또한 일부 국가들과 여론 심지어 학자들까지 맹목적으로 소위 주류 학설을 추종하여 중국 위협론을 비롯한 왜곡된 지식을 전파하기도 한다. 이러한 배경에서 중국 학자가 '황화론'과 중국 위협론을 반격하는 논문을 발표한 것은 국제사회의 '주류' 학계에서 찾아보기 힘든 특별한 주장이기도 하다. 논문은 "분석이 명확하고 계발적 의미가 강력하다. 본인은 중국의 지도자, 더 나아가 다른 개발국들의 지도자 및 전문가들 또한 본 논문을 읽기 바라며 이 가운데 유익한 관점과 건의들은 정책에 반영하기를 바란다. 중국과 서방세계의 관계를 이해하고 연구하는 데 있어 본 논문은 거의 필독서라고 해도 과언이 아니다. 거기에다 더하여 개발국가에서 현재 인생과 사업을 준비하고 있는 청년들 역시 이런 부류의 저작을 읽는 것

이 큰 도움이 될 것이다."1)

8. Branislav Gosovic의 서평은 푸젠성福建省과 외부 전문가들의 심사를 거쳐 2013년 '푸젠성 제10차 사회과학 우수성과상'을 수상했으며 법학 관련 논문 중 유일한 수상작이 되었다.

앞에서 자세히 설명한 것과 같이 수많은 전문가와 학자들이 이 책의 주장과 이론적 성과에 대해 충분한 평가를 내렸다. 또한 중국교육부는 전문가 심사단을 구성하여 이 책을 '우수 학술연구성과의 일반화 도서'로 선정하여 대중들에게 읽히도록 추진하고 있다. 저자는 일반 독자들이 독서를 통해 더 많은 새로운 지식을 흡수하기를 바라는 동시에 문장에서 나타난 부족한 부분에 대해서도 비판과 수정 의견을 반영해 주기를 바란다.

특별히 언급할 것은 이 책은 비록 일반 독자들에게 제공되는 비교적 단순한 도서지만 대량의 각주와 그림을 사용하고 있다는 점이다. 동시에 그림과 자료들은 출처가 분명하고 본문의 내용을 이해하는 데 유익하게 설계되었다. 이는 학술적 규범에 부합할 뿐만 아니라 자료의 지식재산권을 보호하는 의미도 있다. 동시에 독자들에게 그림을 따라 더 정확한 정보와 지식을 얻을 수 있도록 도와주는 역할을 한다.

---

1) Branislav Gosovic: China or "Threat" or "Opportunity"? Professor An Chen's Article on "Yellow Peril" / "China Threat" Doctrines-An Important Contribution to the Study and Understanding Contemporary World Politics. 영문 본문과 중국어 번역문은 이하 학술지 참고. 『국제경제법학간』, 북경대학교출판사, 2013년 제1기. 상술한 전문가들의 평가 의견 원문은 샤먼대학교 법학원 자료실에 소장되어 있음.

1. 중화의 정기를 선양하고 정직하지 못한 자를 가려낸다는 해태 그림(왼쪽) 이 책의 주제를 가장 정확하게 전달하고 있다.
2. 빌헬름 2세(오른쪽)

그림의 중심에 자리잡고 있는 짐승은 중국 전설 속의 신수神獸 해태獬豸다. 중국어 발음으로 '치廌zhi'(4성)[2]라고 불리는 해태는 그 모양이 기린麒麟을 닮아 머리에 외뿔을 달고 있으며 중화의 정기를 대표하는 상상 속의 동물이다. 이는 중화문명의 전통적 미덕인 정의, 평등, 인의, 조화, 평화 등의 수호자로 알려져 있다. 번갯불 같은 두 눈은 선악을 가려내고 머리 위에 힘차게 뻗은 외뿔은 "정직하지 못한 자를 제거하고, 정의를 구현한다."는 의미이다. 때문에 해태는 예로부터 옳고 그름을 가리고 정의와 사악을 판별하는 법관의 상징으로 사용되었다.

해태의 외뿔이 향하고 있는 위치에는 바로 독일황제 빌헬름 2세의 초상화가 있다. 19세기 말 유럽을 호령했던 빌헬름 2세는 역

2) [汉] 许慎,『说文解字·廌部』
http://wenda.so.com/q/1366323956060350;http://baike.baidu.com/view/30840.htm.

사에 여러 가지 족적을 남겼다. '황화론'과 중국 위협론의 창시자이기도 했고, 1900년 8국 연합군의 중국 침략 당시 배후의 조종인물이기도 했다. 더욱이 1차 세계대전을 일으켜 수천만 명의 인명 피해를 가져온 원흉이었다. 역사는 이미 그의 이름을 치욕의 기둥에 묶어 놓았고 만세의 지탄을 받게 하고 있다. 이처럼 '황화론'과 중국 위협론을 적극적으로 주장했던 인물들은 모두 제국주의와 군국주의 성향을 가진 가장 대표적인 독재자들이었다. 곧 빌헬름 2세의 초상화를 해태의 외뿔이 향하는 위치에 배치한 이유 역시 이 책의 취지에 부합한다. 이는 역사의 진실을 밝히는 동시에 중화의 정기를 선양하고 중화문명과 민족주의, 애국주의를 고취하기 위한 노력이라고 이해할 수 있다.

II. 서론

중국 위협론 - 역사인가 현실인가? 허구인가 진실인가?

현재 성행하고 있는 중국 위협론의 시조는 바로 백 여 년 전 유럽에서 발원한 '황화론'이다. 다시 말해 '황화론'의 새로운 변종이 현재 중국 위협론으로 둔갑하여 활개치고 있다는 것이다. 그렇다면 중국 위협론은 과연 진실된 현상에 대한 정확한 지적일까? 아니면 특별한 목적을 가진 자들이 꾸며서 만들어 낸 신기루일까? 사실 이 문제에 관하여는 이미 140여 년 동안 치열한 논쟁이 전개되었다. 때문에 이는 역사의 범주에 속하는 문제일 뿐만 아니라 현실적인 의미를 가지는 정치문제이기도 하다. 특히 현재 중국이 남중국해와 관련된 문제로 인해 베트남, 필리핀 등 국가들과 분쟁을 겪고 있는 상황에서 중국 위협론이 다시 수면 위로 부상했다는 것은 민감한 사안일 수밖에 없다. 중국은 이미 대량의 역사사실과 고증을 통해 서사군도Paracel와 남사군도Spratly가 고대로부터 중국의 영토임을 증명했고, 이들 영토에 대한 주권을 수호하는 것이 국가의 핵심적인 이익임을 천명했다. 동시에 중국은 평화적인 외교방식과 선린우호의 외교정책을 견지하고 있으며 분쟁에 대하여 '논쟁을 보류하고 공동개발擱置爭議, 共同開發'을 선호한다는 입장을 밝혔다. 중국의 전략은 분쟁 당사국들과 평등한 협상을 진행하여 평화로운 방식으로 문제를 해결한다는 것이다.[3)]

하지만 미국은 역외 국가임에도 불구하고 아시아의 분쟁에 적극 개입하여 더 큰 혼란을 조성하고 있다. 그 이유는 미국이 아시아에서 이미 확보한 패권적 지위를 수호하고 자신들의 이권을 포기하려 하지 않기 때문이다. 또한 미국의 지원을 받고 있는 베트남과 필리핀 같은 국가들은 극단적인 수단을 사용하여 심지어 중국과 대항하고 있으며, 미국을 대신하여 중국과의 대결구도마저 감수하고 있는 상황이다. 미국의 개입 전략은 사실 동남아시아의 평화로운 국제환경에 독이 되고 있으며 역내 국가들 사이에서 평화 협력을 파괴하고 있다. 그럼에도 불구하고 미국은 적반하장으로 오히려 중국 위협론을 주장하고 있다. 2011년 8월 10일 중국은 처음으로 항공모함을 취항시켰다. 이는 마침 미국의 고위층과 언론의 공격대상이 되었고 중국 위협론을 조장하는 좋은 기회로 사용되었다. 중국의 항공모함이 정치 군사적으로 주변국가들을 위협할 뿐만 아니라 이후 아시아-태평양 지역에서 미국의 이익에도 위협을 조성한다는 위기감이 작동하고 있었다. 미국 국방부는

3) 「胡锦涛会晤菲律宾总统 强调把南海建成合作之海」, 2011年 8月 31日.

『2011년 중국 군사력 보고서』를 작성하여 또다시 중국 위협론에 불을 지폈다.[4)]

이에 대해 중국의 관변 언론은 양보 없는 반격으로 맞섰다. "현재 누군가 남해, 동해 문제에 개입해 해양 분쟁을 격화시키고 있다. 중국은 주변국가를 이웃으로 삼고 평화로운 관계를 유지하며 공동번영의 길로 나가려고 한다. 중국은 절대 지역 패권을 차지하지 않을 것이고 또한 누군가의 눈치를 보는 부속국의 역할도 하지 않을 것이다. 다른 국가를 건드리지도 않고 또한 두려워하지도 않을 것이다. 다른 국가의 이익을 침범하지 않을 것이고 또한 자신의 민족 이익을 희생하는 어리석음도 범하지 않을 것이다. 어떤 국가는 '중국 위협론'을 조장하고 있지만 그 본질은 사실 '중국에 대한 위협론'이다. 사실관계에 어긋나는 중국 위협론은 국제사회를 기만할 수 없고 더욱이 중국을 겁먹게 할 수 없다는 사실을 기억하기 바란다."[5)]

중국외교부 역시 반격에 나섰다. "미국 국방부는 해마다 이런 형식의 백서를 발간하여 중국의 정상적이고 정당한 국방 건설을 질책하고 있다. 백서의 일부 내용은 중국의 군사 실력을 과장하여 중국 위협론을 퍼뜨리고 있다. 이는 책임 있는 대국의 행위가 아

---

4) 「中国拥有航母对美国的影响有多大?」, http://news.xinhuanet.com/world/2011-08/17/c_121869720_2.htm ; Jessica Rettig, *China's New Aircraft Carrier Bolsters Its Regional Reach-Military Benchmak Illustrates the Status of China's Armed Forces* ; U.S. Department of Defense, *Annual Report to Congress-Military and Security Developments Involving the People's Republic of China 2011*, released on August 24,2011, http:www.defense.gov/pubs/pdfs/2011_CMPR_Final.pdf.

5) 「中国海洋意识的觉醒：航母试航, 蛟龙身潜」,『人民日报』(海外版), 2010年 8月 11日, 第一版.

니며 중미 관계에 있어 전략적인 신뢰관계를 조성하는 데 불리하다. 따라서 중국은 엄중히 반대한다. … 중국은 흔들림 없이 평화발전의 길을 걸어갈 것이며 방어적인 국방 건설을 지향하고 아시아-태평양, 더 나아가 세계질서의 안정과 번영, 평화를 수호할 것이다. 중국이 제한적으로 군사 역량을 유지해 나가는 것은 국가의 독립과 주권, 영토 완정을 수호하기 위한 것이고 다른 국가에 대해 위협을 가하려는 의도가 없기 때문에 그 어떤 국가도 우려할 필요가 없다."[6]

중국 국방부도 민감한 반응을 보였다. "중국이 군대와 국방을 발전시키는 것은 완전히 국가주권과 영토 완정, 경제사회 발전을 수호하기 위한 것이지 절대 다른 국가를 위협하려는 의도가 아니다. 과학기술의 발전과 더불어 중국군이 새로운 무기를 도입하는 것은 아주 자연스러운 현상이다. 현대화 무기체계를 도입하는 것은 군사현대화를 실현하기 위하여 현재 모든 국가들이 하고 있는 예사로운 방식일 뿐이다. 또한 중국군은 적극적으로 군사외교를 전개하고 있으며 대외개방의 수준을 높여가고 있다. 하지만 미국의 국방보고서는 이러한 사실을 엄중히 왜곡하고 있어 전혀 설득력을 가지지 못한다. 중국군은 지역질서의 안정과 세계평화의 수호를 위해 꾸준히 노력하고 있다."[7] 2010년 9월 6일, 중국 국방부는 『중국의 평화발전』 제하의 백서를 발표했다. 1만 3천자에 달하

---

6) 『外交部：中方坚决反对美发表 2011年「涉华军事与安全发展报告」』, http://www.chinadaily.com.cn/micro-reading/dzh/2011-08-27/content_3618436.html.

7) 「国防部回应：美军涉华军力报告严重歪曲事实」, http://www.chinadaily.com.cn/hqjs/jsxx/2011-08-26/content_3613429.html.

는 보고서는 중국의 평화발전에 대한 의지를 강력히 주장하는 동시에 중국 위협론의 허구성을 반박했다.[8)]

8) 『中国的和平发展』白皮书, http://www.fmprc.gov.cn/ce/cedk/chn/xwdt/t856978.htm.

III. 황화론
- 중국 위협론의 본원과 실질

'황화론Yellow Peril'은 19세기 유럽에서 발원한 이론 가운데 하나로 주로 중국을 분할하고 침략하기 위한 사상적 도구로 사용되었다. 그 저변에는 아시아 황색인종에 대한 비하와 조롱의 뜻이 깔려 있었고, 심각한 낙인이 찍혀 있던 인종주의라는 터무니없는 논리가 작동했다. 독일의 저명한 역사학자이자 정치사상가인 하인츠 골비처Heinz Gollwitzer 박사는 황화론 자체를 "제국주의의 구호"라고 정의하고 있다. 구미 열강들이 중국을 침략하는 과정에서 "자국 민중들을 우롱하기 위한 수단으로 쓰였으며 자국의 침략행위를 미화하기 위한 구실로 사용되었다."[9]

9) 「德国」海因茨·哥儿维策尔,『黄祸：一个口号的历史 - 帝国主义思想研究』, Vandenboek & Ruprecht, 1962, pp.8-9;『黄祸论』, 商务印书馆, 1964 4 초판, 前言, 6-7쪽.

황화론은 1870년대 유럽에서 발원하여 구미 제국주의 열강들의 정치구호로 사용되었다. 특히 제국주의자들이 동방을 개척하는 과정에서 중국을 식민 통치하고 분할하기 위해 자국 민중들을 기만하고 동원하는 데 황화론이 등장했다. 골비처 박사는 영국, 미국, 러시아, 독일의 사료를 이용해 황화론의 발원과 전파 및 발전 과정을 상세하게 분석했다. "황화론이라는 주제는 은연 중에 제국주의 사상의 기본적인 특징을 노출하고 말았다. 정치구호는 반드시 간결하고 유력해야 하며 명확하고 알기 쉽게 구성되어야 한다. 필요한 경우에는 고도의 함축성과 함께 광기마저 발산해야 하며 심지어 사실을 왜곡할 수도 있어야 한다. 정치구호는 때로는 민심을 안정시키는 역할을 하지만 또 다른 상황에서는 대중을 선동하고 의심과 공포 속에 몰아넣기도 한다. 그렇게 함으로써 대중들의 관심을 정치에 집중시키고 선전과 선동으로 그들의 판단을 흐리게 하여 국가의 대외 침략에 교묘하게 민심을 이용한다." 골비처 박사의 분석은 그야말로 황화론의 본질과 핵심을 가감 없이 까발리고 있다.

1840년 아편전쟁 이전에 이미 중국을 여행했던 탐험가, 선교사, 제국주의자들은 수 많은 글을 통해 당시 중국의 사회, 종교, 정치, 문화, 인간 만사를 유럽에 소개했다. 그 중에는 물론 긍정적인 묘사나 평가도 있었지만 대부분은 부정적인 비판과 조소가 난무했다. 그들은 몽골의 유럽 원정을 "중세 이래 가장 심각한 황화"라고 규정하면서 황색 피부의 이교도들이 강대해지면 결국 유럽의 백인 세계에 재난을 몰고 오게 될 것이라고 단언했다.[10] 이

10) 吕浦等编译,『"黄祸论" - 历史资料选辑』, 中国社会科学出版社, 1979, 7-8쪽.

것이 바로 황화론의 시작이다. 단, 학계의 초보적인 연구는 황화론의 시조를 러시아의 무정부주의 혁명가 미하일 바쿠닌Mikhail Aleksandrovich Bakunin으로 지목하고 있다. 차르 시기의 인물이었던 바쿠닌은 1873년 그의 저서 『국가제도와 무정부상태』에서 황화론을 설파한다.[11] 이후 영국 식민주의 성향의 학자 피어슨Charles H. Pearson이 1893년 『국민생활과 국민성 - 하나의 예측』을 통해 논리를 전개하면서 황화론의 기본 골조가 형성되었다.[12] 최초의 논조와 이후 각양각색의 변종들은 모두 인종주의 이론이라는 점에서 일맥상통하지만 시대에 따라 서로 다른 양상을 나타내기도 했다.

몽골의 유럽 원정으로 인해 황화론이 대두하게 되었다는 주장은 아직 학계의 정설로 인정받지 못하고 있다. 1219년부터 1243년까지 23년 동안 몽골인들은 두 차례의 서정西征을 감행한 것은 사실이다. 하지만 그 전쟁의 주체가 과연 몽골인 세력인지 아니면 그 후 중원 왕조였던 원나라元인지는 확실하지 않다. 이 문제에 대하여 중국과 서구의 사학자들이 여러 가지 주장을 내놓았지만 일부는 그저 추측성 가설만을 제기하여 더욱 논쟁이 혼탁해지는 상황을 만들었다. 따라서 우선 이 문제에 대해 가장 기본적인 역사 사실들을 분명히 밝혀 둘 필요가 있다.

중국과 외국 역사서에 기재된 내용을 종합적으로 참고하면 아래와 같은 사실을 정리해낼 수 있다.[13] 1206년 칭기즈칸Chinggis

11) 『马克思恩格斯全集』第18卷, 人民出版社, 1964, 655-708쪽.

12) 吕浦等编译,『"黄祸论" - 历史资料选辑』, 中国社会科学出版社, 1979, 82-104쪽.

13) 白寿彝 总主编,『中国通史』(修订本), 第8卷(元时期上册), 上海人民出版社, 2004, 355-356쪽, 372-376쪽, 385-386쪽; 韩儒林主编,『元朝史』上册, 人民出版社, 1986, 83-84, 141-156, 157-162, 263-265, 290-293쪽; (明)宋濂等撰,『元史』(校勘本)第一册,

Khan(1162-1227)이 몽골의 각 부락을 통일하고 몽골 대칸국The Great Mongol Empire을 건립한다. 1219년 서역의 호라즘Khorazm(현재 투르크메니스탄과 카자흐스탄 지역)과 몽골 사이에 분쟁이 발생한다. 호라즘은 몽골 대상caravan 400여 명을 살해하고 재물을 강탈했을 뿐만 아니라 몽골칸국이 파견한 사절단마저 처단하고 만다. 이에 크게 노한 칭기즈칸이 친정에 나섰고, 20만 대군을 휘몰아 호라즘을 공격한다. 1220년 호라즘의 수도 사마르칸트Samarkand가 함락되고 국왕이 서쪽 러시아Russ 경내까지 도망갔다. 승기가 오른 몽골군은 1123년 킵차크Kipchak와 러시아 동맹군을 격파했고, 1225년 칭기즈칸이 개선했다. 1227년 칭기즈칸이 사망한 이후 1229년 셋째 아들인 오코타이窩闊臺가 제2대 칸으로 추앙된다. 1235년 오코타이는 조카 바투Batu를 총지휘관으로 임명하여 제2차 서정을 나선다. 7년간의 전쟁을 거치는 동안 호라즘을 철저히 멸망시켰을 뿐만 아니라 서쪽으로 진군하여 러시아 모스크바와 키예프까지 함락시켰다. 러시아에서 진군의 발판을 마련한 몽골군은 세력을 나누어 유럽의 중심으로 돌진했다. 1241년 북로군은 폴란드 서남부 지역에서 폴란드와 게르만의 연합군을 격파했고, 중로군의 주력은 헝가리를 점령했다. 하지만 오코타이가 갑자기 사망하면서 바투는 1242년 회군할 수밖에 없었다. 1243년 볼가강Volga R 하류 지역에 도착한 바투는 동쪽으로 이동하던 것을 멈추고 영토가 광활한 칩차크 칸국Qipchaq을 건립한다. 몽골의 침입에 혼비백산했던 유럽의 백인들은 이 사건을 바로 '황화'라고 칭했다. 600여 년 뒤

中华书局, 1978, 12-13, 20-22, 34, 63-65쪽.

19세기의 아시아인들이 백인들의 침입을 '백화'라고 지칭했듯 양자는 서로 상대적인 개념이기도 했다.

이상의 자료와 사학가들의 고증을 거쳐 여섯 가지 문제에 대해 확실한 결론을 내릴 수 있었다. 첫째, 칭기즈칸의 몽골 대칸국은 1206년에 건립되었고, 몽골의 제1차 서정은 1219-1225년 사이에 발생했다. 이때까지만 해도 몽골인들은 아직 중원지역과 그 이남지역을 완전히 통치하지 못했던 시기였다. 둘째, 1235-1242년 칭기즈칸의 손자 바투가 진행했던 제2차 서정 기간에도 몽골은 아직 중원 지역과 그 이남 지역을 통제하지 못한 상태였다. 셋째, 칭기즈칸의 또다른 손자였던 쿠비라이 칸Khubilai은 1271년이 되어서야 중원지역을 장악하고 북경을 수도로 하는 원나라元를 건립했다. 이는 칭기즈칸의 제1차 원정과는 46년, 바투의 제2차 원정과는 30여 년 차이가 벌어지는 사실이다. 다시 말해 두 차례 유럽 원정이 발생했던 시기에는 중국의 원나라가 아직 건립되지도 않았다는 뜻이다. 넷째, 1259년 이후부터 1271년 원나라 건립 이전까지 몽골 칸국은 이미 대칸국과 다른 네 개의 칸국으로 분열된 상태였다. 칭기즈칸의 직계 자손들이 서쪽으로 확장하면서 현재의 중앙아시아 지역에 킵차크 칸국Qipchaq, 오코타이 칸국, 일리 칸국Il Khanate, 차가타이 칸국Chagatai을 건립했다. 그리고 쿠비라이는 1264년 중원 지역을 점령한 이후 대칸의 지위에 올랐으며, 1271년 북경을 수도로 하는 원나라를 건립할 수 있었다. 따라서 중앙아시아 지역의 칸국들은 명의상 원나라를 종주국으로 인정했지만 실질적으로는 독립된 국가였고 예속 관계에 놓여 있지도 않았다. 다섯째, 쿠비라이 칸은 원나라 수립 이후 중원의 문화를 적극 받아들였다. 공자와 유학을 높이 받들어 숭배했고 한족과 몽골족 사이에 통혼을 제창하여 민족 대융합을 이루었다. 원나라 역사는 1368년 주원장朱元璋의 한족 농민 봉기에 의해 몽골족 지배계층이 중원에서 축출당하면서 막을 내렸다. 몽골 세력은 서북쪽 사막 지역으로 퇴거했고 국호를 달단韃靼으로 고치면서 중원의 명나라와 대치상태에 들어갔다. 원나라가 중원지역을 통치하던 98년 동안은 중국 왕조가 유럽을 침공한 사실은 존재하지 않는다. 여섯째, 현재 학계와 민간에서 난무하고 있는 "원나라 대군이 유럽을 침공하면서 황화론이 발생했다."는 주장은 역사적 사실에 부합하지 않는다.

이 부분의 역사와 논쟁에 대해 노신魯迅 선생은 특유의 유머로 신랄한 비판을 하고 있다.

> 나는 어린 시절부터 중국의 역사에 관심이 많았다. "반고가 천지를 열었고" 삼황오제 이후 … 송나라, 원나라, 명나라, 그리고 "우리의 대청제국"이 뒤를 이었다. 스무 살이 되던 해 또 '우리'의 칭기즈칸이 유럽을 정복했다는 사실과 그 시기가 바로 '우리'가 가장 잘 나가던 때라는 사실을 알았다. 그러나 스물다섯 살이 되면서 사실 '우리'가 가장 위대했던 시절은 결국 몽골인이 중국을 점령했던 시기였음을 알게 되었다. 그렇다면 중국인이 몽골인의 노예가 되었던 시절인 셈이다. 1934년 8월 나는 글을 쓰기 위해 몽골사에 관한 세 권의 책을 읽고 또다른 사실을 발견할 수 있었다. 몽골인이 러시아를 정복하고 헝가리와 오스만을 침입했을 때까지만 해도 중국은 아직 그 통치하에 들어가지 않았다는 사실이다. 다시 말해 칭기즈칸은 아직 우리의 황제가 아니었다. 그렇다면 러시아가 몽골에 정복당한 시기가 우

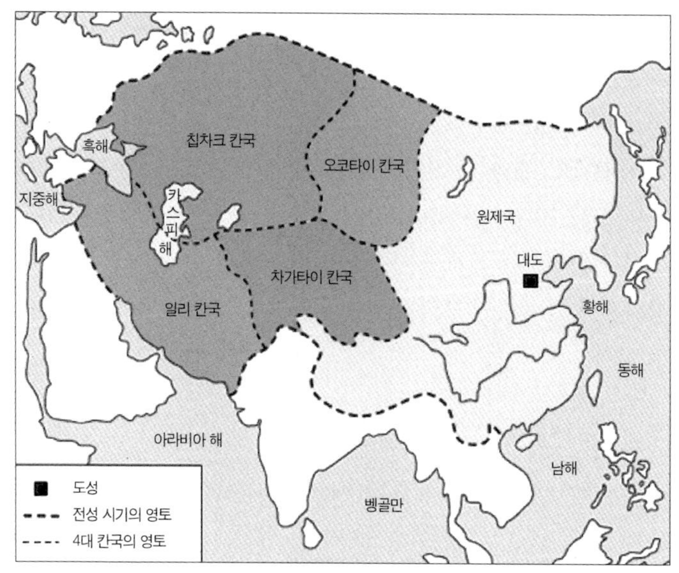

3. 몽골제국 지도 (출처: http://quiz.kut.com.tw/review/junier2-society-101-second.aspx)

리보다 더 빠른 셈이다. 따라서 러시아인들이 "우리의 칭기즈칸이 중국을 정복할 때가 바로 우리 역사에서 제일 잘 나가던 시기"라고 자랑하는 것이 마땅하지 않을까.14)

역사는 이미 명확한 답을 내놓았다. 당시 두 차례의 유럽 원정을 감행해 전체 유럽을 '황화'의 공포심에 떨게 했던 주체는 바로 고비 사막 이북 지역에 거주했던 용맹한 몽골인들이었다. 따라서 수십 년 뒤에 중원 지역에 자리잡은 중국의 원나라나 그 이후 '한

14) 鲁迅,「随便翻翻」,『鲁迅全集』第6卷, 人民文学出版社, 2005, 142쪽.

족화' 된 몽골인과는 직접적인 관계가 존재하지 않는다. 더욱이 평화를 사랑하고 매사에 예절과 양보를 강조했던 중국의 한인漢人과는 전혀 관계가 없다. 그럼에도 불구하고 당시 유럽인들에게 공포를 가져왔던 '황화'를 기어코 중국의 책임으로 몰아가려는 이유는 무엇인가? 그 답안은 아마도 역사의 흐름 속에 숨어있을 것이다. 그렇다면 역사의 전개 순서에 따라 아편전쟁 이후부터 나타났던 황화론과 그 변종인 중국 위협론의 족보와 계승 관계를 살펴보기로 한다.

1. 19세기 70년대 러시아황제 차르의 중국 위협론

중국은 세계 5대 문명 고국의 하나였고 오랫동안 전 인류의 발전에 중요한 기여를 한 나라였다. 또한 강대한 국력을 기반으로 한때는 융성한 제국을 건립하기도 했다. 그러나 19세기에 진입하면서 서구 자본주의의 신속한 발전과는 대조적으로 중국의 봉건왕조는 쇠락의 길로 접어들었다. 특히 부패하고 무능한 청 왕조는 여전히 봉건주의의 낙후한 제도와 생산방식을 고수했을 뿐만 아니라 대외적으로 쇄국정책을 실시하면서 중국의 발전 가능성을 차단하고 말았다. 그러나 약육강식의 논리가 성행했던 국제사회에서 신흥 제국주의 국가들은 동방의 부국이었던 중국을 그냥 내버려두지 않았다. 서구 제국주의 국가들은 경쟁적으로 중국에 대한 침투와 침략, 약탈에 나섰다. 1840년 영국 식민주의자들이 아편전쟁을 통해 청 왕조의 대문을 열어 젖힌 후 서구 열강들은 수

많은 전쟁과 무력을 통한 위협으로 중국의 이권을 수탈해 갔다. 청 왕조는 끊임없이 불평등조약을 체결해야 했고, 그로 인해 영토를 빼앗기고 전쟁 배상금을 지불하였으며 자신의 땅에 외국의 조차지와 세력 범위가 생기는 것을 지켜봐야만 했다. 중국은 점차 반식민지로 변해갔고, 서구 열강의 식민지로 전락할 위험에 처하게 되었다.

서구 열강들의 침략과 수탈 과정에서 러시아 차르는 유달리 영토에 대해 적극적인 관심을 나타냈다. 중국이 아편전쟁에서 영국에게 패한 뒤 러시아제국은 불 난 집에 뛰어든 강도처럼 무력시위를 통해 청 왕조와 불평등조약을 체결했다. 1858년 〈애훈조약愛琿條約〉, 1860년 〈북경조약北京條約〉, 1864년 〈중러 서북국경 탐사약기中俄勘察西北界約記〉 등의 조약을 통해 러시아는 중국 영토 144만여 제곱 킬로미터를 수탈해 갔다. 흑룡강 이북과 외흥안령 이남의 60만여 제곱 킬로미터, 우수리강 이동의 40만여 제곱 킬로미터, 서부 지역의 발하슈호Balkhash L와 이식쿨호Issyk Kul L 주변의 44만 제곱 킬로미터 등 광활한 영토와 해안선이 바로 이때 러시아 국토에 편입되었다.[15)]

바쿠닌은 바로 러시아제국의 대외 확장의 기회를 빌어 황화론을 설파했다. 차르의 영토 야욕에 이론적 근거를 마련하기 위해 바쿠닌은 "중국을 침략하는 것은 이유가 있다."는 논리를 만들어 내야 했다. 따라서 그는 1873년 발표한 저서에서 "중국은 러시아

15) 白寿彝总主编, 『中国通史』(修订本) 第11卷(近代·前编上册), 上海人民出版社, 2004, 173-175쪽.

4. 17세기 중반 러시아제국의 군인들이 흑룡강 유역을 침범하고 있다. 러시아 차르의 중국 침략에 앞장섰던 하바로프Yerofey Khabarov가 군인들과 함께 흑룡강 유역을 침범하고 그 지역에서 생활하고 있던 다우르족Daur을 약탈하고 살해했다. 하바로프는 중국 경내의 한 부락을 함락한 이후 차르에게 편지를 보냈다. 1652년 8월에 작성한 편지에는 다음과 같은 내용이 기재되어 있다. "… 우리는 하느님의 보우와 황제의 은덕을 입어… 어른과 아이 661명을 살해하고… 다우르족 부락에서 말 237마리, 소와 양 등 가축 113마리를 탈취했다.(출처: http://www.pep.com.cn/czls/js/tbjx/7x/u3/tpsc/201008/t20100825_734619.htm)

동쪽에서 기필코 가장 큰 위협으로 부상할 것이다."라는 주장을 펼쳤다. 당시 차르의 전략은 바로 무력으로 주변국들의 영토를 점령해 나가는 것이었다. 바쿠닌은 차르의 전략을 숙지한 뒤 구체적인 방안을 제시했다.

> 우리의 전략이 대외 정복이라면 바로 중국을 첫 번째 목표로 삼아야 할 것이다. 중국은 부유하고 여러 가지 면에서 인도를 점령하는 것보다 용이하다. 왜냐하면 중국과 러시아 사이에는 그 어떤 인위적인 장애물이 존재하지 않기 때문이다. 결정만 내린다면 바로 행동으로 옮겨야 한다.

중국은 현재 내부 혼란과 전쟁이 고질병처럼 만연하고 있기에 기회를 틈타 정복의 대업을 이룰 수 있다. 러시아 정부도 현재 비슷한 정책을 추진하고 있는 듯하다. 러시아는 분명 중국에서 몽골과 만주를 분리해 내려고 노력하고 있는 중이다.…

중국의 인구는 4억 명으로 집계되고 있다. 또 어떤 이는 6억 명이라고 주장한다. 이처럼 많은 인구가 낙후한 제국에 갇혀 살고 있는데, 이들은 현재 막을 수 없는 파도처럼 외국으로 이민의 행렬을 이어가고 있다. 일부는 남반부의 오스트레일리아로, 또 일부는 태평양을 넘어 캘리포니아로, 나머지 갈 곳을 잃은 방대한 인구는 아마도 서쪽과 서북 방향으로 이동할 것이다. 그렇다면 수많은 중국인이 달단 해협과 우랄산맥, 카스피해를 넘어 시베리아의 접경지역으로 몰려들 것이며 러시아는 어느 순간 우리의 소유가 아닐 수도 있다.

… 중국인들의 대량 이민을 어떻게 저지할 수 있을까? 그들은 시베리아를 가득 채울 수 있을 뿐만 아니라 중앙아시아와 중동지역, 나아가 우랄산맥을 넘어 볼가강 연안까지 진출할 것이다.

이러한 추세는 분명히 동방으로부터 러시아의 안보에 가장 큰 위협을 가해 올 것이다. 중국인을 무시하는 것은 큰 잘못이다. 그들은 인구가 엄청 많은데 이 한 가지 이유만으로도 큰 공포를 조성할 수 있다. … 현재 중국의 중심지역에 거주하고 있는 주민들은 훌륭한 전통의 영향으로부터 격리된 부류이다. 그들은 아주 강인하고 용감하며 수 백만 명이 사망하는 내전에서 살아남은 자들이고 전쟁의 생리에 익숙하다. 특별히 주의해야 할 것은 최근 이들이 현대화 무기를 사용할 수 있으며 유럽식으로 군사훈련을 받고 있다는 점이다. 사실 이 두 가지는 유럽 문명의 최신 성과물이다. 현대화 무기와 최신식 훈련

방식이 중국인들의 야만적이고 도덕적 관념이 결핍되었으며 자유의지가 빈약한 노예적 근성과 결합한다면… 국가 밖으로 이동하는 방대한 인구는 그야말로 거대한 공포로 변하여 우리의 안보를 위협하고 말 것이다.16)

바쿠닌이 차르에게 보낸 의견을 세 가지로 정리할 수 있다. 첫째, 중국은 반드시 동쪽으로부터 러시아의 안보를 위협할 것이다. 둘째, 그러나 중국은 현재 끊임없는 내란으로 국력이 빈약하기 때문에 이 시기를 틈타 침략의 기회로 삼을 수 있다. 이는 중국으로부터 올 위협을 소멸할 수 있을 뿐만 아니라 영토의 확장도 실현할 수 있는 일거양득의 방법이다. 셋째, 러시아는 반드시 '선수를 쳐야 할 것'이며 이는 중국을 점령하는 데 유리한 계책이다. 사실 바쿠닌 본인은 유럽의 문명인으로 자처했다. 그러나 이같은 '강도의 논리'를 적나라하게 주장하면서 황화론의 시조가 되었다는 것은 참으로 개탄할 일이다.

배경설명

1893년 2월 25일, 바드마예프Бадмаев П.А.는 러시아 황제 알렉산더 3세Alexander III에게 『러시아 동아시아 정책의 임무』라는 보고서를 올린다. 이는 훗날 '바드마예프 계획'으로 불리게 된다. 주요한 내용은 '몽골과 티베트를 러시아에 편입'시키는 것이었다. 그는 "난주蘭州는 티베트로 나갈 수 있는 요충지"라고 인식했으며, 러시아정부에 즉

16) 马骧聪等译,『国家制度和无政府状态』, 商务印书馆, 1982, 108-109쪽.

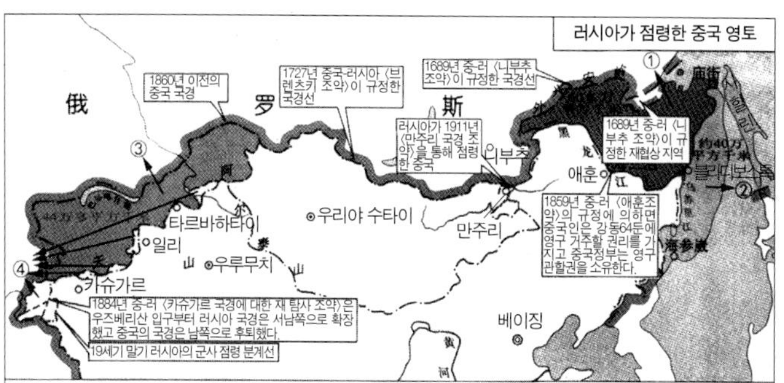

① 1858년 〈애훈조약〉을 통해 점령한 중국영토
② 1860년 〈북경조약〉과 1864년 〈중러 서북국경 탐사약기〉를 통해 점령한 중국영토
③ 1860년 중러 〈북경조약〉을 통해 점령한 중국영토
④ 1881년 중러 〈개정조약〉(〈일리조약〉이라고도 불림. 이후 5개 변경탐사의정서를 통해 7만여 제곱 킬로미터를 약탈했음)

5. 러시아가 약탈한 중국의 영토 (출처: http://61.189.240.78/res/seniorhistory/map/one/j_fei_003/3_JPG.jpg.)

시 바이칼호부터 난주를 연결하는 시베리아철도의 지선을 건설할 것을 건의했다. 그리고 청 왕조가 조선 문제로 일본의 견제를 받고 있는 때를 기회로 삼아 2-3만 명의 군대를 신속히 파견해 난주를 점령할 것을 주장했다. 이후 난주를 전진기지로 삼아 중원에 진출할 수도 있고 몽골과 티베트에 영향력을 행사할 수도 있다는 것이었다. 구체적으로 "몽골과 티베트의 덕망 있는 승려와 지배층을 러시아에 초청해 차르에게 귀속할 의사를 밝히게 하는 것이다."

바쿠닌의 황화론과 유사한 주장을 펼치는 측근들의 지원을 받아 차르는 더 과감하게 영토 확장을 해 나갔다. 러시아는 이미 중국의 영토 144만여 제곱 킬로미터를 수탈해 갔지만 그 이후에도 중국에 대한 정복을 멈추지 않았다. 1881-1884년 사이에 청 왕조

6. 러시아제국의 탐험가 바드마예프(왼쪽) (출처: http://www.lsqn.cn/mingren/people/mrzt/200703/750 31.html)

7. 19세기 말, 러시아 침략군이 중국의 영토에서 '승리'를 경축하고 있다.(오른쪽) (출처: http://www.lsqn.cn/mingren/people/mrzt/200703/75031.html)

와 〈중러 일리 조약〉과 다섯 개의 〈국경 측량 의정서〉를 체결했다. 이를 통해 신장 타청Tarbagatay 동북 지역과 일리, 카슈가르 서쪽 지역 7만여 제곱 킬로미터의 영토를 가져갔고, 1892년에는 사릭콜Sarikol 서쪽의 중국 영토 2만 제곱 킬로미터를 강점했다. 1914년 러시아군이 탕드 우랸하이Танды Урянха 지역을 점령하면서 17만 제곱 킬로미터의 영토를 강탈했다.17) 이처럼 러시아가 중국으로부터 강점한 영토는 171만 제곱 킬로미터에 달한다. 이 면적은 현재 중국 푸젠성 면적의 14배, 프랑스 면적의 3배, 독일의 5배와 대등한 수준이다.

역사 사실은 황화론과 중국 위협론이 제국주의자들의 침략 이

17) 白寿彝 总主编,『中国通史』(修订本), 第11卷(近代·前编上册), 上海人民出版社, 2004, 221쪽.

8. 러시아제국의 함대가 중국 여순항까지 진출해 있다. 1894년 중일 갑오전쟁 역시 중국의 완패로 막을 내렸다. 러시아는 청 왕조의 위기를 틈타 여순과 대련을 조차지로 점령했고 요동반도에서 식민통치를 강행했다. 출처: http://www.xinhuanet.com/mil/2005-05/27/content_3009568.htm

론으로 사용되었다는 것을 증명하며 이론의 연장선에는 결국 중국에 대한 침략이라는 구체적 사건이 존재한다는 연관성을 밝혀냈다.

2. 19세기 90년대 독일제국의 중국 위협론

19세기 90년대 제국주의자들의 침략 욕망을 만족시키기 위해 황화론은 한층 더 발전된 이론으로 나타났다. 그것은 바로 독일제국이 주장했던 중국 위협론이다.

영국이나 프랑스, 미국과 비교해 독일은 제국주의 진영에서 맨 뒷자리를 지키는 후발 주자였다. 다른 제국주의 열강들은 이미 식민지 분할이라는 식탁에서 포식한 상태였지만 독일은 연회에 "지

9. 황화도

각한 식객"에 불과했다. 때문에 통일 이후의 독일제국은 식민지 쟁탈전에서 더 적극적이고 수단을 가리지 않는 탐욕을 보였다. 당시 뷜로Bernhard von Bülow 독일 외상의 주장은 빌헬름 2세 황제Kaiser Wilhelm II의 결심과 행동을 간접적으로 전달하고 있다. 그는 공개 성명을 통해 "다른 열강들이 대륙과 해양을 점령하고 독일인들은 푸른 하늘에만 만족해야 했던 시대는 이미 지나갔다. 우리도 태양 아래의 영토를 점령하려고 한다."[18] 독일의 시각은 자연스럽게 극동지역으로 향했고 광활한 영토와 풍족한 자원 그리고 쇠락한 국력의 중국이 침략의 대상으로 지목되었다.

18) 中央电视台,『大国崛起·德国』, http://www.bookbao.com/view/200911/12/id_XNDQ1NDc=.html.

빌헬름 2세는 국내외 여론의 지원을 얻기 위해 중국 침략의 당위성을 설명하는 황화론이 필요했다. 따라서 독일제국 버전의 새로운 중국 위협론이 등장했다. 그는 독일 언론들을 이용하여 새로운 '황화'가 당장 발생할 것처럼 여론을 조성했고, 1895년에는 본인이 직접 〈황화도(독일어 : Die Gelbe Gefahr)〉의 초안을 구상했다. 이 구상에 근거해 화가 헤르만Hermann Knackfuss이 유화를 그렸고 그림은 당시 비슷한 주장을 하고 있던 러시아 황제에게 선물로 전해졌다.

또한 이 그림은 대형 판화로 제작되어 독일과 러시아에서 대량 출판되었으며 중국 침략을 위한 여론 준비에 사용되었다.19) 빌헬름 2세는 그림에 직접 제목까지 달아 주었는데 이름하여 "유럽의 민족들이여, 당신들의 신앙과 고향을 보위하라.Völker Europas, wahrt eure heiligsten Güter."였다. 그림 속에서 장검을 들고 있는 인물은 기독교의 대 천사 미카엘이다. 그와 함께 검을 들고 있는 신들은 바로 유럽의 기독교를 대표하고 절벽 앞에 펼쳐진 바다 위에서 떠오른 불상과 용은 동방세계를 의미한다. 특히 중국의 황색인종을 뜻하는 것이다. 그림은 유럽 백인들의 종교적 취향에 맞게 그려졌고, 그 속에 함축된 의미 역시 아주 명백했다. 바로 유럽인들이 연합하여 대 천사 미카엘의 영도로 동방의 불교와 용을 격파하고 자신의 신앙과 생활의 보금자리를 지킨다는 것이었다.

러시아 10월 혁명 이후 공개된 비밀자료에는 빌헬름 2세와 러시아 황제 니콜라이 2세 사이에 오갔던 편지가 포함되었다. 이들

19) 吕浦等编译,『"黄祸论" - 历史资料选辑』, 中国社会科学出版社, 1979.

은 편지에서 "하느님의 부름을 받아" 중국의 영토를 분할할 음모를 꾸미고 있었다. 독일 황제의 제안은 매우 명확했다. "러시아가 어떤 영토(저자 주: 중국 여순항旅順港)를 영구적으로 병탄하는 문제에 대해 본인이 적극적으로 지원하는 것처럼, 당신도 독일이 러시아의 이익을 건드리지 않는 상황에서 어떤 항구(저자 주: 중국 교주만膠州灣)를 획득하는 것에 대해 친절한 지원을 해줄 것을 바람."[20)]

독일황제와 러시아황제의 적극적인 추진 아래 유럽에는 황화론에 관한 논문과 저서들이 나타나기 시작했다. 이들의 기본 주장은 중국 등 황색 인종이 결국 백인들에게 위협이 된다는 것이었다. 일단 천 백 만 명의 중국인들이 자신의 힘을 의식할 경우 서방의 문명에 재난과 궤멸을 가져올 것이라는 공포심을 불러 일으킨 것이다.

대규모의 여론전으로 자국민들에 대한 세뇌교육을 완성한 이후 독일황제는 야심 찬 계획을 행동으로 옮겼다. 1897년 독일 선교사 두 명이 살해된 '거야 사건巨野事件'이 발생하자 빌헬름 2세는 즉시 군사행동을 개시했다. 1897년 11월 6일, '거야 사건'이 발생한지 5일 만에 극동지역에 주둔하고 있던 티르피츠Alfred von Di'erpici 해군함대 사령관에게 명령을 내려 교주만을 점령할 것을 지시했다. 이튿날 황제의 명령을 접한 독일 외상은 흥분을 감추지 못하고 본심을 드러냈다. "어제 산동 거야현에서 독일 교회가 습격당하고 선교사가 사망했다는 보고를 받았다. 중국인들이 결국

---

20) Isaac Don Levine, *Letter from the Kaiser to the Czar*, 1920. 吕浦等编译, 『"黄祸论" - 历史资料选辑』, 中国社会科学出版社, 1979, 113쪽, 재인용.

우리에게 오랫동안 기다렸던 기회와 이유를 제공했다. 우리는 바로 행동을 개시할 것이다." 수십 년이 지난 뒤 독일 외상의 자료가 세상에 공개되면서 당시 상황이 적나라하게 폭로되고 말았다. 독일 침략군은 중국 북부의 중요한 요충지였던 교주만(산동성 청도 포함)을 점령했다. 이후 1898년 3월 청 왕조를 압박해 불평등조약인 〈중국-독일 교오 조차조약中德膠澳租借條約〉을 체결했다. 조약의 내용에는 독일이 교주만 일대를 99년 간 식민 통치한다는 것과 산동성 전체를 독일의 독점 세력범위로 확정한다는 조항이 들어 있었다.[21]

1900년 빌헬름 2세는 8국 연합군을 구성하여 중국에 대한 침략

10. 청 왕조 말기, 독일 침략군이 중국 영토에 상륙

21) 『巨野教案与德国侵占胶州湾』, http://www.infobase.gov.cn/history/lateqing/200708/article_10942.html.

11. 청 왕조 말기, 독일 침략군의 함대가 교주만에 침입(위) (출처: http://www.picturechina.com.cn/bbs/thread-10720-1-1.htm.)

12. 1898년 청도靑島, 독일 해병대 병영(아래) (출처: 1898년 독일 점령 하의 청도. http://www.kn58.com/culture/renwen/detail_2 010_0706/81258.html.)

을 감행했다. 서구 열강을 중심으로 한 여덟 개 국가가 연합군의 형식으로 중국을 침략한 것은 이전 역사에서 찾아볼 수 없었던 진귀한 풍경이었다. 연합군의 목표는 분명했다. 강탈과 방화, 살인 등 악행을 저지르기 위한 적나라한 침략전쟁이었다. 전쟁 이후 중국은 천문학적인 배상금을 요구하는 '신축조약辛丑條約'을 체결해야만 했다.[22] 조약에는 국방 요로에 위치한 포대를 철수하고 열강들의 군대가 전략적 요충지에 주둔하는 등 강요된 조항들이 난무했다. 열강들은 조약을 통해 청 왕조의 기능을 무력화시켜 중국을 통치하는 대리 기구로 만들려고 했다. 이처럼 8국 연합군의 침략은 중국인민들이 전쟁의 포화에 휩싸이게 했으며 휘황한 문화를 창조했던 동방의 문명 고국이 주권을 상실하고 반식민지로 전락하여 국가가 패망할 상황에 처하게 만들었다.

배경설명

알프레드 본 발더제Alfred Graf Von Waldersee(1832-1904). 젊은 시절 프로이센 포병부대에서 복역했고 프로이센-프랑스 전쟁에 참가했다. 이후 독일군 참모총장을 역임했고 원수 계급을 달았다. 1900년 8월, 8국 연합군 총사령관을 맡아 11월 북경에 진입했으며 침략군을 지휘하여 산해관, 보정, 정정과 산서성 경내에서 의화단을 잔혹하게 진압했고, 청 왕조를 압박하여 열강들의 권익을 보장하는 불평등조약을 체결했다. 1901년 6월 중국을 떠났다.

22) 『신축조약』, http://baike.baidu.com/view/32139.htm.

13. 8국 연합군 사령관인 독일군 원수 알프레트 본 발더제(위) (출처: http://news.hsw.cn/system/2009/06/16/050210231.shtml.)

14. 중국인 사형을 준비 중인 8국 연합군(아래) 왼쪽으로부터 영국, 미국, 오스트레일리아, 영국 식민지 인도, 독일, 프랑스, 오스트리아, 이탈리아, 일본(출처: http://upload.wikimedia.org/wikipedia/commons/0/04/Toops_of_the_Eight_nations_alliance_1900.jpg.)

이것이 바로 19세기 말 독일제국 버전의 황화론이다. 그 결과는 어김없이 중국에 대한 침략으로 이어졌다. 이처럼 황화론과 중국 위협론의 의도와 결과는 모두 참혹한 침략전쟁을 가리키고 있었다. 상식과 정의감을 가지고 있는 세계인들은 아마 이런 결과에 대해 받아들이기 어려워할 것이다. 여기에는 당연히 지성을 갖춘 유럽의 백인들까지 포함하고 있다. 특히 상처를 받은 중국인들은 세대가 바뀌어도 이런 비참한 역사를 잊지 않을 것이다.

역사는 다시 한번 황화론과 중국 위협론이 결국 중국을 침략하기 위한 이론적 준비였고, 그 결과는 침략전쟁으로 나타났다는 것을 증명했다. 이처럼 황화론을 적극적으로 주창했던 빌헬름 2세는 결국 유럽에서 세계대전을 일으키게 된다. '백인 우월주의'를 강조하며 황화론으로 유럽을 우롱했던 독일황제는 끝내 유럽에 재앙을 가져오고 말았던 것이다. 그 여파로 독일은 군국주의 전통이 자리잡게 되었고 이후 히틀러의 등장으로 이어졌다. 히틀러의 제3제국 역시 게르만 민족주의를 강조하는 동시에 황화론의 논리와 비슷한 유대인 탄압 정책을 펴면서 인류 역사에 씻을 수 없는 과오를 남겼다.

3. 19세기 중반부터 20세기 말까지 미국 패권의 중국 위협론

1840년 아편전쟁에서 패한 중국의 운명은 마치 바람 앞의 촛불과도 같았다. 불 난 집에 침입해 강도 짓을 했던 것은 단지 러시아와 독일만이 아니었다. 미국 역시 중국 침략의 공동전선에 참가했었고 다른 열강들보다 더 혁신적이고 대담한 방식과 방안을 제시하기도 했다.

첫째, 1844년 무력위협으로 청 왕조를 굴복시킨 미국은 〈중미망하조약望厦條約〉을 체결했다. 조약의 제2항은 중국의 관세 주권을 박탈하는 내용을 담고 있었다. "추후 중국이 관세를 조정하기 전에 합중국 영사관의 허가를 받아야 한다." 이는 중국이 미국측과 상의하고 허락을 받는다는 전제 하에 본국의 관세를 조정할 수 있다는 것을 의미한다.[23] 많은 열강들은 미국의 기발한 아이디어를 본받았고 청 왕조는 이들 열강들과도 비슷한 내용의 조약을 체결할 수밖에 없었다. 조약의 내용에 근거해 추후 청 왕조는 관세를 제정하거나 조정하기 전에 반드시 침략자들의 이익을 고려해야 했으며 이들의 허락을 받아야만 했다. 이로써 중국은 관세 주권을 상실하게 되었고 국고 수입이 확연히 줄어들고 민족 공업이 엄중한 폐해를 보게 되었다. 관세 주권을 상실했다는 것은 마치 나라의 곳간 문이 활짝 열린 것과 같았다.

둘째, 1899년 미국 국무장관은 영국, 프랑스, 러시아, 일본, 이탈리아, 독일 등 여섯 개 국가에 조회를 보내 〈문호 개방, 이익 균점門戶開放, 利益均沾〉의 정책을 소개했다. 그 취지는 열강들이 중국에서의 이익을 분할하기 위해 보조를 맞추고 상호 조율하기 위한 것이었다. 미국은 다른 열강들이 이미 중국에서 취득한 조차지와 세력 범위를 인정하는 한편, 다른 한편으로 이 지역에서 미국 역시 동등한 지위를 취득할 것을 요구했다. 주요한 목적은 미국이 다른 열강들의 중국 내 세력 범위에서 자유무역과 관세 보호 등 권리를 보장받기 위한 것이었다. 〈문호 개방, 이익 균점〉 정책의 출범은 미국의 중국에 대한 침략이 새로운 단계에 진입했다는 것을 의미한다. 미국의 전면적인 중국 침략 전략이 점차 성숙해 가는 과정이었다. 이때부터 미국은 더 이상 영국, 프랑스 등 열강들의 뒤를 따라 이익을 추구했던 초보자의 신세에 만족할 수 없었다. 후발 주자였던 미국은 창조적인 아이디어로 중국 침략의 발걸

23) 王铁崖,『中外旧约章汇编』, 三联书店, 1957, 51쪽.

음을 재촉했다. 사실 문호개방 정책은 제국주의 동맹을 강화했을 뿐만 아니라 이듬해 8국 연합군의 중국 침략을 촉발하는 원인으로 작용했다. 이후 국력이 빠르게 증가한 미국은 1922년 워싱턴에서 〈9국 공약九國公約〉을 체결한다. 이미 주도권을 장악한 미국은 공약에서 다시 문호개방 정책의 취지를 반영했고, 이는 미국이 중국에서 다른 열강들의 이권을 배척할 수 있는 효과적인 수단이 되었다.[24)]

셋째, 1900년 8국 연합군의 중국 침략에 미국도 동참했다. 민주주의의 화신, 인권의 보호자로 자처했던 미국이 폭행을 일삼았던 독일황제, 그리고 러시아 차르와 한 배를 탔다는 것은 참으로 이해하기 힘든 대목이다. 뿐만 아니라 살인, 강탈, 전쟁배상 등 악행마저 서슴지 않고 감행했다는 사실은 역사에 오점으로 남을 수밖에 없다.

넷째, 1945년 2차 세계대전이 끝난 뒤 열강 가운데 독일, 이탈리아, 일본은 패전국으로 전락했고 영국과 프랑스는 비록 전승국이었지만 원기를 회복하지 못한 상태였다. 그러나 미국은 전쟁의 폐해를 받지 않았을 뿐만 아니라 전쟁 중에 횡재하여 국력이 융성했다. 당시 중국은 항일전쟁의 승리에 감격할 틈도 없이 다시 내전의 소용돌이에 빠지게 되었다. 1946-1949년의 국공내전 기간에 미국은 중국에서의 이권을 수호하기 위해 내전에 깊숙이 개입했다. 국부군을 자본과 무기로 지원했고, 직접 해병대를 파병해 국민당 정부에 협조하여 해방군을 공격했으며 중국인민의 혁명을

24) 卿汝楫, 『美国侵华史』 第二卷, 第六编, 三联书店, 1956, 391-450쪽.

방해했다. 모택동毛澤東은 미국이 장개석蔣介石 정부를 도와 직접 내전에 개입한 정황을 아래와 같이 설명했다.

> 미국의 육해공군은 이미 중국의 내전에 개입했다. 청도, 상해와 대만에는 미국의 해군기지가 있다. 북평, 천진, 당산, 진황도, 청도, 상해, 남경에는 예전에 미군 병영이 주둔했었다. 미국 공군은 현재 중국의 전역을 통제하고 있는 상태이고, 각 지방의 전략 요충지에 대해 군사지도를 찍어 놓았다. 북평 인근의 안평진, 장 춘 부근의 구대, 당산, 교동반도에서 미군과 군사요원들이 인민해방군과 교전한 적이 있고 심지어 포로로 잡힌 자들도 있다. 세놀트Chennault 장군의 항공대 역시 중국 내 여러 지역에서 참전했다. 미국 공군은 장개석을 도와 병력을 운송했을 뿐만 아니라 우리 측에 귀순한 중경호重慶號 순양함을 폭침시키기도 했다. 이상의 모든 정황은 미국이 중국 내전에 직접 개입하고 있다는 증거이다. 다만 공개적인 전쟁 선포가 없었고 규모가 크지 않을 뿐이다. 그러나 대량의 자본과 무기 및 군사 고문을 동원해 장개석을 도와 내전을 치르게 하는 방식으로 중국을 침략하고 있다.25)

1949년 10월 중국인민은 백 년 동안의 굴욕과 침략의 역사에 종지부를 찍고 새로운 중국을 건립했다. 그러나 미국을 비롯한 서방 국가들은 중국에 전면적인 경제제재를 실시했고 한국전쟁을 통해 중국의 국경을 위협했다. 갓 태어난 중국을 요람 속에서 압

25) 『毛泽东选集』第4卷, 人民出版社, 1991, 1492쪽.

살하려는 의도였다. 또한 제7함대를 대만해협에 파견해 중국의 통일을 방해했다. 중국을 분열하고 중국인들의 대립을 이용해 어부지리를 얻고자 하는 미국의 정책은 현재까지도 진행형이다.

배경설명

1950년 6월 27일, 미국 트루먼 대통령은 제7함대를 대만해협에 파견할 것을 결정했다. 이로써 무력으로 중국의 통일을 방해하고 국토를 분열하려는 의도를 드러냈다.

15. 8국 연합군이 북경 거리에서 중국인을 살해하고 있다. (출처: http://www.china.org.cn/e-8guo/4/6.htm.)

배경설명

맥아더는 2차대전 기간 미국의 태평양사령부 최고 사령관이었고, 전쟁 이후 일본 점령군 최고 사령관이었다. 또한 한국전쟁 당시 연합군의 최고 사령관을 지내기도 했다. 1950년 7월 31일, 대만을 방문한 맥아더는 장개석과 '외교관계'와 군사관계 강화에 대한 협약을 체결했다. 이는 중국의 통일을 파괴하고 분열시키려는 미국의 장기 전략이다.

16. 1950년, 미국 제7함대가 대만해협으로 진입하고 있다. (출처: http://blog.sina.com.cn/s/blog_744dc50d0101fk0v.html.)

17. 대만을 방문한 맥아더 (출처: http://tushu.junshishu.com/Digest_142_1.html.)

배경설명

1950년 8월 27일부터 11월 19일, 약 2개월 사이에 맥아더의 명령을 받은 미국 원동군 공군은 171차례 출격하여 1천여 차례 중국의 영공을 침범했다.

18. 미국 공군에 폭격 당한 중국 안동시 일각(현재 단동시)
(출처: http://news.163.com/11/0626/20/77GHU8K700014JB5_15.html.)

배경설명

덜레스는 2차대전 이후부터 냉전 초기까지 미국의 정책을 입안했던 주요 책임자이다. 1950-1952년에 국무장관 고문을 지냈고, 1953-1959년 사이에 국무장관을 역임했다. 1958년 10월 21일 대만을 방문했다. 그 이전인 1954년 덜레스의 추진 아래 〈미국-대만 공동방위조약〉이 체결되었다. 이 조약은 1979년 중미수교와 함께 효력을 상실했다. 그러나 미국 국회는 '대만관계법'을 통과시켜 이전의 〈미국-대만 공동방위조약>을 대체하게 했다. 중국을 분열하고 중국인민의 통일을 반대하는 미국의 음모를 발견할 수 있다.

19. 대만을 방문한 덜레스Dulles 국무장관 (출처: http://ilish.blog.163.com/blog/static/115756049200931853571 86/.)

이처럼 미국의 중국에 대한 침략은 1백여 년 동안 지속되었다. 그 과정에서 미국의 정치인들과 군인, 학자들은 중국침략을 위한 이론적 근거를 획득하기 위해 부단히 황화론과 중국 위협론을 들고 나왔다. 역사의 순서에 따라 19세기 중반부터 20세기 말까지 미국 버전의 황화론과 중국 위협론의 발전 과정을 살펴보기로 하자.

첫째, 19세기 중후반 열강들의 침략을 받은 중국은 국가 패망의 위기와 함께 인민들이 생활을 영위해 나가지 못하는 상황에 부닥쳤다. 가난한 백성들은 할 수 없이 청 왕조의 통치를 벗어나 동남아시아 등 다른 지역으로 탈출했다. 당시 미국의 광산개발회사들은 중국의 곤란한 상황을 이용해 저가 노동력을 확보할 수 있는 기회를 맞게 되었다. 대량의 중국 노동력이 미국으로 넘어가 광산개발과 미국 대륙을 동서로 가로지르는 '중앙 태평양 철도Central Pacific Railroad'의 건설에 투입되었다. 결과적으로 중국 노동력이 미국 경제의 발전에 공헌을 하게 된 셈이었다. 1851년 주지사 존 맥도갈John McDogall은 중국인들이 일은 가장 잘하는데도 고생을 감

20. 1849년 샌프란시스코 골드러시를 맞은 중국인 노동자 (출처: http://www.abbottmemorial.org/teacherspages/4th grade/Forbidden% 20Friendship% 20local% 20history/Timeline16s.jpg.)

내하면서 적은 보수를 받고 있다고 자랑하면서 이들은 캘리포니아가 받아들인 "가장 유익한 이민"이라고 칭찬했다.

배경설명

19세기 미국의 중국인 노동자

그러나 캘리포니아의 경제 호황은 그리 오래 가지 못했다. 실업자가 속출하면서 정부의 압력이 거세지자 당시 주지사 존 비글러John Bigler는 모순의 화살을 중국인들에게 돌렸다. 1853년에 발표한 문장을 통해 그는 백인들이 곤경에 처한 이유를 중국인들이 대규모로 몰려와 일자리를 선점한 사실에서 찾았다. 그에 따라 대륙 횡단철도 건설에 참여했던 중국인들의 존재가 정치화되기 시

21. 샌프란시스코 금광에서 일하고 있는 중국인 노동자(위) (출처: http://upload.wikimedia.org/wikipedia/commons/6/60/Chinese_Gold_Miners_b.jpg.)

22. 1851년, 골드러시는 샌프란시스코를 번화한 항구도시로 변화시켰다.(아래) (출처: http://www.learnnc.org/lp/media/uploads/2009/06/sanfranciscoharbor.jpg.)

23. 샌프란시스코 도로 시공 중인 중국인 노동자(위) (출처: http://yeefungtoy-dc.com/assets/Chinese_workers.png.)

24. 태평양 철도 건설 중인 중국인 노동자(아래) (출처: http://www.orangejuiceblog.com/wp-content/uploads/2010/07/Chinese -railroad-workers-in-Arizona.jpg.)

25. 1868년, 약 1천 명의 중국인 노동자가 태평양 철도 시공 중에 사망했다.(위)
(출처: http://news.xinhuanet.com/world/2011-08/11/c_131041866.htm.)

26. 1880년, 캘리포니아의 중국인 노동자(아래)
(출처: http://thesecondpronmise.files.wordpress.com/2010/06/chinese-worker2.jpg.)

작했으며, 미국 버전의 '황화론'이 등장하게 되었다.[26] 이후 1860-70년대 전반에 걸쳐 황화론이 성행하기 시작했고, 캘리포니아를 중심으로 서부지역에서 백인들이 중국 노동자들을 집단으로 폭행하고 공격하는 등 사건이 대량 발생했다. 심지어 당시 정부는 이런 사건들을 암묵적으로 승인했으며 백인 인종주의자들은 차이나타운까지 침입해 살인과 방화, 강탈을 서슴지 않았다.

이 과정에서 백인들의 악행을 변호하는 정치인들과 학자들이 인종학, 신학, 정치학, 경제학, 사회학 등 학설을 동원해 사실을 왜곡했다. 과학의 탈을 쓰고 허구적인 명제를 논증하는 것이었다. "백인은 하느님이 창조한 가장 우수한 인종", "황색인종은 하느님이 창조한 가장 열악한 인종", "백인은 당연이 주도적 위치를 차지해야 한다.", "중국인들은 당연히 노예의 신분으로 살아가야 한다.", "백인을 보호하고 중국인들은 통제와 배척 심지어 축출당해야 한다."는 류의 주장들이 난무했던 상황이었다. 1876년 미국 의회 상하 양원은 특별위원회를 구성하고 직접 의원들을 캘리포니아에 파견해 중국이민자에 대한 조사를 진행했다. 청문회에는 백 명이 넘는 증인이 등장했고 최종 1,200페이지의 보고서를 작성했다. 하지만 보고서는 미국의 정신과 헌법에 위배되는 인종주의와 종교적 편견이 가득 찬 내용들로 구성되었다. 특히 중국 노동자들에 대한 모독과 멸시, 희화화는 이미 도를 넘어섰다.

보고서의 주요 작성자 중 한 명인 스타우트A. B. Staut는 "완벽한 성품"의 문명인이었음에도 불구하고 공개적으로 중국인을 까마

---

26) 위키백과, John Bigler, *Anti-Chinese* 참조.

귀, 메뚜기로 표현했다. "주인의 감시가 소홀한 옥수수 밭에 침입한 까마귀 무리", "캘리포니아의 대지를 휩쓸고 지나가는 메뚜기 떼처럼 이들은 우리나라를 절단 내고 말 것이다."[27]

이런 주장들은 그야말로 황당하기 그지없고 논리적 비약이 아닐 수 없다. 첫째, 스타우트의 "중국인은 천성적으로 저열하다."는 논조와 히틀러의 "유대인은 천성적으로 저열하다."의 주장이 다를 바 없다. 히틀러가 이런 논조에 근거해 유대인을 학살했다면 스타우트 류의 정치가가 미국의 최고지도자가 되었을 경우 미국이 위험한 결정을 내리지 않을 것이라고 장담할 수 없다. 둘째, 스타우트가 앵글로색슨 민족이 가장 우수한 인종이고 하느님의 선택을 받아 다른 민족들을 지배한다고 주장했듯이 히틀러 역시 게르만 민족의 우수성을 강조했었다. 그러나 2차 세계대전에서 결국 가장 우수한 두 민족 사이에 혈전이 일어났다. 그렇다면 세계대전 역시 하느님의 지령과 위임을 받은 행위였을까? 셋째, 현재 미국과 일본이 동맹을 맺어 중국을 반대하는 전선을 형성하고 있는데, 그렇다면 하느님은 왜 가장 우수한 앵글로색슨 민족과 가장 열등한 황색인종의 조합을 윤허했을까? 여기까지 역사를 읽다 보면 미국의 황당한 주장에 실소를 금할 수 없다.

1882년 미국 의회는 공화당 출신 상원 존 밀러John F. Miller가 제출한 〈중국인 배제 법안Act of Exclusion of Chinese〉을 접수했다. 이 법안의 기초는 바로 위에서 설명한 보고서를 바탕으로 하고 있다.

---

27) Government Printing House, *Report of the Joint Special Committee to investigate Chinese Immigration*, Washington, 1871, pp.864-869.

27. 1880년대 미국의 중국인들(위) 19세기 말 미국의 중국인 비하 만화
(출처: http://roll.sohu.com/20120625/n346432222.shtml)

28. 1893년, 미국 『판사 저널』의 만화(아래) "중국인 배제 법안" 이 통과된 이후 미국사회에서 중국인에 대한 인상이 급격히 나빠졌다. 미국 여인이 중국인 학생을 학교에서 쫓아내고 있는 장면에서 다른 민족으로 보이는 사람들이 박수를 치고 있다.(출처: http://www.qstheory.cn/wh/ly/201208/t20120809_174992.htm)

밀러가 주장하는 중국인 배제의 이유는 아래와 같다.

"미국정부는 중국인 노동자들이 미국 일부 지역의 건전한 사회 질서를 위협하고 있다고 인정한다. 중국인들은 많은 악습과 편견을 보유하고 있어 절대 미국의 생활에 동화되지 않을 것이며 특히 기독교의 윤리 도덕 기준을 받아들이지 않을 것이다. 중국 노동자들의 대거 유입은 미국인들과의 취업 경쟁을 유발했다." 비록 일부 의원들이 반대하긴 했지만 미국은 결국 자신들의 건국 이념과는 위배되는 인종주의 낙인이 찍혀 있는 법안을 다수표로 통과시키고 말았다.

"중국인 배제 법안"에 근거해 미국은 장기간 중국인의 입국을 제한했고 국적 취득이나 여러 가지 기본적인 권리를 금지했다. 구체적으로 중국인은 미국 내에서 부동산을 소유하지 못하고 백인과의 혼인이 금지되었으며, 중국인 아내와 자식들의 미국 이민과

29. 중국인 비하 만화 (출처: http://news.163.com/06/0425/10/2FI344L400011EBF.html)

Chinese Exclusion Law

California's Memorial

President and the Congress

of the

UNITED STATES

adopted by

The Chinese Exclusion Convention, called by the Board of Supervisors of the City and County of San Francisco, and composed of 3000 Delegates from State, County and Municipal Bodies, Civic, Labor and Commercial Organizations, held at Metropolitan Temple, San Francisco, Cal., Nov. 21 and 22, 1901.

San Francisco, Cal

The Star Press James H. Barry

30. 〈중국인 배제 법안〉 표지

중국인의 정부 취직을 금지했다. 이처럼 미국 버전의 황화론에 근거한 법안은 무려 61년 동안 유지되었다. 1943년 2차대전이 발발한 상황에서 중국이 미국의 동맹국으로서 위상이 높아진 이후 법안이 폐기되었던 것이다. 이토록 긴 시간 동안 미국 의회는 건국이념과 헌법정신에 위배되는 불공정한 법안에 대해 그 어떤 이의도 제기하지 않았다.

배경설명

2012년 6월 18일, 미국 하원은 683호 법안을 통과시키고, 백 년 전 〈중국인 배제 법안〉에 대해 사과했다.

31. 미국 의회가 사과하고 있다. (출처: http://yueyu.cntv.cn/20120619/106970.shtml)

1949년 중화인민공화국 설립 초기에 미국은 이미 중국 위협론을 주장하면서 중국혁명의 승리가 동남아시아에서 도미노 효과로 나타날 것을 경계했다. 1950년 한국전쟁이 발발하자 미국은 "아시아에서의 공산주의 발전을 억제"한다는 명의 아래 군사개입을 결정했다. 맥아더 장군은 공개적으로 중국을 "공산주의 황색 화근"이라고 공격했다.

배경설명

트루먼 미국 제33대 대통령, 1945-1953년 재임. 1947년 3월 12일, 트루먼 대통령은 국정자문회의에서 "공산주의 억제"를 요지로 하는 연설을 했다. 미국의 정치 이데올로기와 외교정책에 큰 영향을 미쳤던 이 발언은 트루먼주의로 발전했다.

32. 트루먼 대통령이 "공산주의 억제"를 주장하고 있다.(왼쪽) (출처: http://www.trumanlibrary.org/photographs/displayimage.php?pointer=14687)

33. 미국의 4성 장군 맥아더(오른쪽) (출처: http://www.shmoop.com/korean-war/photo-douglas-macarthur.html)

배경설명

1950년 10월 25일부터 1951년 1월 8일까지 진행된 세 차례 전역戰役의 결과, 팽덕회彭德懷 장군이 지휘하는 중국인민지원군은 압록강변까지 진격해 온 연합군을 38선 이남으로 격퇴했다. 1951년 4월 11일 맥아더 장군은 전세를 역전하기 위해 핵무기 사용도 불사하겠다고 위협했다.

1949년 건국 이래 중국은 장기간 미국의 전면적인 제재를 받았고 1950년대 말부터 소련과도 반목하는 사이가 되어버렸다. 미소 양국의 봉쇄, 포위, 제재를 이겨낸 중국은 1960년대 중반부터 점차 안정적인 모습을 보이기 시작했다. 특히 1964년 핵무기 개발에 성공한 이후 안보적 측면에서 자위 능력을 갖추면서 미국의 핵위협에 대응할 수 있었다. 이와 동시에 미국에서는 중국 위협론이 다시 성행하기 시작했다. 국무장관 딘 러스크David Dean Rusk와 국방장관 맥나마라Robert Strange McNamara가 중국을 위협하며 반대하는 발언을 쏟아냈고, 특히 동아시아 담당 부차관보 번디William P. Bundy는 역사학자, 중국전문가의 신분을 내세워 적극적으로 활동했다. 번디는 "미국과 공산당 중국"이라는 장편의 발언을 통해 중국 위협론을 설파했다. 이 발언에서 미국은 "세계경찰" 또는 "아시아의 구세주"역할을 자임하고 있었으며 "미국의 가장 큰 적대국"인 중국이 "아시아를 정복하려는 시도"를 분쇄하는 것이 미국 외교정책의 "가장 엄중하고 어려운 문제"라고 지적했다.

"냉전 이데올로기의 아버지"라고 불리는 조지 캐넌G.F.Kennan은 당시 미국인들의 사고방식을 예리하게 파고 들었다. 1984년에 발표한 논문은 그의 외교 생애에 대한 지혜를 집대성한 작품이라고 할 수 있다.

> 미국인들의 성향은 어떤 측면에서 보면 아주 괴상하다. 시도 때도 없이 외부에서 '악의 중심'을 찾아내 우리들이 직면하고 있는 모든 잘못을 그쪽으로 돌리는 것이다. … 우리는 국민들의 세금 중 아주 큰 부분을 무기 생산과 수출 및 국방 건설에 사용하고 있다. … 따라서 냉전을 거치면서 이미 전국 범위에 걸쳐 형성된 방대한 이익집단이 나타났다. 만일 소련과 같은 악의 중심이 사라진다면, 우리는 반드시 다른 적수를 찾아내 소련의 역할을 대체하게 할 것이다. … 그 결과 아주 자연스럽게 적대국의 군사 잠재력을 과대평가하게 되고 이는 미국인들의 위기감과 공포심, 적대감을 조장하고 말았다.

냉전의 대립 속에서 미국은 아주 성공적으로 소련이라는 적대국을 찾아냈다. 소련이라는 존재는 미국인들이 일치단결하여 적대감을 나타낼 수 있는 정신적 자극제였고 미국정부가 전 세계에서 패권 경쟁을 벌일 수 있도록 여론을 동원하는 수단이었다.

1990-1991년의 역사적 과도기에 소련은 해체되고 말았다. 따라서 "항상 외부에서 가상의 적수"를 찾아내고 싶어 했던 미국인들은 그 목표를 점차 동아시아로 돌렸다. 마침 개혁개방 이후 경제적으로 급속한 성장을 진행하고 있던 중국이 미국의 레이더에 포착되었다. 1992년부터 1997년 사이 미국은 이데올로기, 사회제도, 문화 등 여러 측면에서 중국을 공격하면서 중국 위협론에 불을 지폈다.

1992년 먼로Ross H.Munro는 『잠에서 깨어나는 아시아의 거대한 용 - 아시아의 진짜 위협은 중국으로부터 온다』라는 책을 발표하면서 미중 간의 군사적 충돌이 불가피할 것이라고 주장했다.[28] 먼로는 필라델피아 외교정책연구소의 아시아 담당 전문가로 미국의 외교정책에 영향을 미칠 수 있는 인물이었다.

1995년 미국 전문가 해켓James Hackett 박사는 "용과 분노 사이에서"라는 문장에서 "소련이 해체된 지 5년이 지난 현재, 새로운 악의 제국이 막 나타나고 있다. 그 이름은 바로 중국이다."라는 주장을 발표했다.[29]

1996년 하버드 대학교의 헌팅턴 교수가 발표한 〈문명의 충돌과 세계질서의 재건〉은 유교 문명과 이슬람 문명을 아예 서구 문

28) Ross H. Munro, Awakening Dragon - The Real Danger in Asia is from China, *Policy Review*, Issue 62, Fall 1992, pp.10-16.

29) James Hackett, Between Dragon and Wrath, *Washington Times*, Aug. 4, 1995.

명의 적이라는 위치에 상정해 놓고 있었다.[30] 헌팅턴 교수는 1997년 「국가이익의 침식」이라는 논문을 통해 자신의 주장을 다시 강조했다.[31] 소련의 해체와 냉전의 종식으로 인해 미국은 명확한 적대국을 잃게 되면서 국내 정치가 혼란에 빠지고 국민들의 정체성에 혼동이 생기게 되었다. "미국인의 정체성은 바로 자유, 민주, 개인의 존엄, 사유 재산에 대한 보호 등 이념에서 만들어진다. 그러나 현재 사악한 제국이 미국의 이런 원칙들을 위협하지 않는다면 미국인들은 무엇을 통해 국가 이익을 수호할 것인가?" 헌팅턴은 이런 질문을 던지는 동시에 미국인들이 이 위기를 해결할 방안을 제시한다. 그것은 바로 중국이 새로운 위협으로 등장한다는 예지적인 판단이었다. 사실 헌팅턴 교수는 논리적 근거가 박약한 억지 주장으로 냉전 이후 미국인들의 불안한 심리를 치유하고 미국의 정체성을 확보하려고 했다.

20세기가 거의 끝나 가고 있는 마지막 10년 동안 미국에서는 그야말로 중국을 적대시하는 여론이 들끓고 있었다. 이는 사실 여부를 정확히 판단할 수 없는 일반 미국인들에게 과연 새로운 '황화'가 미국을 침공하는 것이 아닌가 하는 불안감을 안겨 주었다.

이상 제1절, 제2절, 제3절에서 서술한 내용들은 바로 19세기 중반부터 20세기 말까지 140년 동안 성행했던 여러 가지 '황화론' 및 중국 위협론에 관한 '족보' 또는 '가계도'인 셈이다. 그러나 이런 주장들은 서구 열강들의 통치 집단이 어용학자를 동원하여 조

---

30) 塞缪尔·亨廷顿,『文明的冲突与世界秩序的重建』, 周琪等译, 新华出版社, 1998.

31) Samel Huntington, The Erosion of National Interests, *Foreign Affairs*, Vol. 75(5), Sept./Oct. 1997, pp.28-49.

작해낸 백인우월주의의 편견과 냉전의 이데올로기가 결합한 기형적인 산물에 불과하다. 이런 사상들은 중국이 유린 받던 근대, 중화인민공화국의 창립과 부흥 과정 전체를 관통해 존재했었고 그림자처럼 따라다녔다. 뿐만 아니라 국제사회를 오도하고 선량한 민중들을 우롱하는 소극적인 결과를 가져왔다. 이들 주장은 비록 완전히 똑같지는 않지만 비슷한 맥락을 유지하고 있으며 어디선가 본 것 같은 낯익은 인상을 준다. 그 이유는 이들이 세대를 이어 내려오면서 서로 계승하는 관계이고 떨쳐 낼 수 없는 유사한 유전자를 갖고 있기 때문이다. 그 주장과 논거들 그리고 실제 역사에서 발생했던 결과들은 배후에 감춰진 진짜 목적이 무엇인지 알려준다. '황화론'의 본질과 핵심은 바로 "중국을 반대하고, 억제하고, 배척하고, 침략"하기 위한 이론적 근거를 제공하는 것이다. 또한 중국을 반대하고 억제하고 배척하는 목적과 결과는 결국 중국을 침략하는 것이다. 이러한 사실은 역사에 대한 일반적인 지식을 갖고 있는 사람이라면, 심지어 유럽과 미국의 정직한 백인까지도 이해하고 인정하는 간단한 이치일 뿐이다.

유감스러운 점은 역사는 아주 유사한 방식으로 반복된다는 것이다. 비록 인류사회가 21세기로 진입하고 많은 것들이 변했지만 여전히 역사 지식이 부족한 사람들은 이익에 눈이 멀어 같은 잘못을 저지르고 있다. 특히 현시대 열강들 가운데 일부 정객들과 군인들은 백 여 년 전에 유행했던 황화론과 중국 위협론을 다시 불러들여 중국을 압박하고 있다. 그중 가장 대표적인 사례가 바로 미국 최신 버전의 중국 위협론이다.

4. 21세기 미국 패권의 중국 위협론 - 계승과 발전

21세기 미국 패권이 주장하고 있는 중국 위협론은 사실 수정 버전의 황화론이다. 가장 대표적인 사례는 미국 국방부가 해마다 발표하는「중국 군사력 보고서Annual Report to Congress - Military Power of the Peoples' Republic of China」[32]와「미중 경제와 안보 심의위원회United States-China Economic and Security Review Commission」[33]에서 발표하는『심사 보고서』이다. 이 두 보고서는 최근 미국에서 발표된 가장 권위적이고 영향력이 큰 정부 차원의 황화론 즉 중국 위협론이다. 미국 의회가 주관하고 국방부 산하 특별위원회가 직접 작성하는데 그 과정에서 싱크탱크 및 전문가들의 참여를 통해 최종 출범하기 때문에 미국 최고 수준의 정책 보고서라고 볼 수 있다.

알다시피 미국 의회에는 언제나 매파의 인물들이 포진되어 있고 '반 중국 세력'이 존재한다. 이들은 극단적인 이데올로기의 영향으로 지역 유권자들의 표를 의식하기 때문에 중국에 불리하거나 완전히 중국을 반대하는 정책을 종종 내놓기도 한다. 또한 수중의 권력을 이용하여 입법에 관여하면서 본인의 사사로운 이익을 국가 법안에 반영시키기도 한다. 사실「중국 군사력 보고서」의 원형은 의회의 〈2000년 재정 연도 국방 수권법〉에서 찾을 수 있

---

32) Annual Report to Congress: Military Power of the Peoples' Republic of China, http://www.defense.gor/pubs/china, html; Annual Report to Congress: Military and Security Developments Involving the Peoples' Republic of China 2014, http://www.defense.gov/pubs/2014_DoD_China_Report.pdf.

33) United States-China Economic and Security Review Commission, http://www.uscc.gov/about/charter.php.

다. 이 법안이 통과된 이후 미국 국방부는 법률의 규정에 따라 매년 중국 군사력에 관한 보고서를 제출하고 의회의 심사를 거쳐 재정부에서 국방 예산을 지급받을 수 있게 되는 것이다.

배경설명

미국이 중국의 군사정보를 수집하기 위한 대표적인 사례

34. **중국 남해에서의 미중 전투기 충돌 사건** 2001년 4월 1일, 미국 EP-3 정찰기가 남중국해 근처에서 정찰 임무를 수행하는 과정에서 중국 해군 항공부대가 출동시킨 젠-8II 전투기 2대와 조우했다. 미군 정찰기는 남중국해 동남쪽 70해리 중국 측 EEZ에서 고의로 충돌 사고를 내 중국군 비행기가 추락하는 사고가 발생했다. 조종사 왕웨이王偉는 낙하산으로 탈출했지만 결국 행방을 찾지 못했고 중국정부는 그가 희생되었다고 발표했다.(출처: http://mil.m4.cn2012-12/p1192647,shtml)

국방 예산과 관련된 사안이라면 당연히 국방부의 이해득실과 밀접한 관계를 가지기 마련이다. 따라서 「중국 군사력 보고서」는 국방부가 더 많은 예산을 따낼 수 있는 중요한 수단으로 사용되었다. 냉전이 종식된 이후 미국 국방부는 자기 부처 이익을 위해 새로운 악의 중심을 찾아내야 했다. 따라서 부상하는 중국이 바로 그들의 논리에 부합하는 적당한 목표물이 되고 말았다. 앞에서 언급했던 독일의 역사학자 골비처 박사가 지적했듯이 황화론은 "은연중에 제국주의 사상의 기본적인 특징"을 내포하고 있었고, 이는 통치 집단이 교묘한 수단으로 자기 인민들을 우롱하고 침략 전쟁에 동원하는 사례를 통해 증명할 수 있다. 또한 조지 캐넌의 말을 인용하자면 "미국 사회는 냉전을 통해 군산복합체라는 방대한 이익집단을 만들어내고 말았다. 이들은 기득권을 지키기 위해 끊임없이 적대국의 군사적 잠재력을 과장했고 이를 통해 미국인들의 공포감과 위기감을 조장했다."

특히 중국이 받아들일 수 없는 것은 「중국 군사력 보고서」에 대만의 안보를 위한 특별 예산이 편성되어 있다는 점이다. 대만과 양안문제는 중국인들의 내부 문제이고 미국이 간섭할 수 없는 민감한 사안이다. 그럼에도 불구하고 미국은 대만의 독립 세력을 위해 자금을 지원하고 중국의 통일을 방해하면서 핵심적인 이익을 위협하고 있다.

〈2000년 재정 연도 국방 수권법〉 1202절의 규정에 의하면 「중국 군사력 보고서」는 8개 항목에 대해 분석하고 예측해야 한다. 1)중국의 전체 전략과 안보 전략, 군사 전략. 2)중국의 전략 방향. 3)대만해협의 안보 형세. 4)중국의 대만 전략. 5)중국군 육해공군의 대만에 대한 전략적 안배, 규모, 지점과 능력 등. 6)중국 군사이론의 발전 상황. 7)선진기술의 개발과 획득 및 이를 통한 군사력의 발전 상황. 8)전년도 『대만관계법』에서 언급했던 사안에 대한 중국의 도전과 반응 정황.

알고 있듯이 대만은 역사적으로 아주 오래전부터 중국의 영토였고 분열할 수 없는 중국의 일부분이었다. 그러나 1950년 미국의 제7함대가 대만해협을 침범하면서 중국의 국토가 분열되었고 중국의 통일 역시 이루어지지 못한 상태로 남게 되었다. 1979년 중미관계가 회복되면서 비록 양국은 외교관계를 수립하게 되었지만 미국은 여전히 양면전술을 사용했다. 한편에서는『수교 공보』에 공식적으로 "중화인민공화국 정부는 중국의 유일한 합법 정부"라고 인정했지만 또 다른 한편에서는『대만관계법』을 체결하여 '하나의 중국' 원칙을 파기했다. 대만관계법은 "평화적이지 않은 수단으로 대만의 미래를 결정하려는 그 어떤 노력은 모두 서태평양 지역의 평화와 안보를 위협하는 시도로 간주할 것이고 미국은 이에 지대한 관심을 보일 것이다."라고 명시하고 있어 대만의 독립 세력들을 안심시키고 있다. 2000년 미국 의회를 통과한 〈국방 수권법〉은 해마다 국방부에「중국 군사력 보고서」를 제출할 것을 요구하고 있는데, 그중에 제3, 4, 5, 8항의 내용은 모두 대만해협과 중국의 내정과 관계된 조항들이다. 기본적인 국제법 상식으로 판단하면 미국의 이런 행위는 침략자만이 할 수 있는 무례한 방식이다.

「중국 군사력 보고서」의 영향력은 절대 과소 평가할 수 없다. 사실 이론이나 법률적 시각으로 보면 이 보고서는 단지 국방부가 의회에 제출하는 평가인만큼 정부의 대 중국 정책결정 과정에 있어 그 어떤 강제적인 효력을 발생시킬 수는 없다. 그러나 보고서는 '객관적이고 권위적인' 모습으로 포장되어 있기 때문에 미국의 정부나 사회단체뿐만 아니라 국제사회도 그 결과를 수용하고 있는 상황이다. 따라서 미국 의회는 계획서 작성의 소기 목적을 달성한 셈이 된다. 14년 동안의 경험적 사실로 증명하다시피 보고서가 출범하는 즉시 학계와 의회 및 정부의 각 부처들은 그 내용들을 참고하며 대 중국 정책의 중요한 자료로 사용하고 있다. 이는 자연스럽게 중국에 대한 강경한 태도로 이어지게 되고 새로운 중국 위협론을 위한 근거를 마련하게 된다. 보고서 자체는 정부의 대 중국 정책에 직접적인 영향력을 미치지는 못하지만 미국사회 전반에 대한 이론적 지도력은 상상을 뛰어넘을 만큼 깊게 영향을 미치고 있다는 사실에 주목해야 한다.

미국 국방부의 「중국 군사력 보고서」 이외에도 의회 소속 미중 안보심의위원회에서 해마다 제출하는 「심사 보고서」 역시 중국 위협론을 조장하는 중요한 수단이다. 이 심사위원회는 2001년에 통과된 〈국방안보 수권법〉에 근거해 설립된 여야 공동위원회이다. 민주, 공화 양당이 6명의 전문가를 위임하는데 이들은 공상계와 노동계, 정부 부처 및 학계 인사들로 구성된다. 위원회의 주요 임무는 "중미 무역과 경제관계에서 미국의 국가안보에 영향을 미치는 요인들을 추적하고 조사해 의회에 보고"하는 것이다. 의회는 이 위원회에게 미중 경제관계가 미국의 국가안보에 위협이 되는지 아니면 유리한지 그 여부를 판단하게 하고, 조사 결과에 근거하여 입법부와 사법부에 자국의 이익에 유리한 정책을 입안할 수 있도록 건의할 수 있다. 이러한 절차와 과정에 근거한 보고서는 필연코 미국의 이익을 수호하고 중국을 견제하는 내용을 담을 수밖에 없을 것이다.[34] 국방부의 중국 군사력 보고서와 마찬가지

34) 陆钢·郭学堂,『中国威胁谁？ - 解读"中国威胁论"』, 学林出版社, 2004, 30-33쪽.

로 안보심의위원회의 심사 보고서 또한 법률적 강제력은 부재하지만 미국의 대 중국 정책결정 과정에 미칠 막중한 영향력은 결코 무시할 수 없다.

IV.

역사의 진실

- 중국의 대외 경제 교류 역사와 법리적 원칙

1. 중국의 대외 개방 정책 - 우수한 역사 전통의 계승과 발전

세계는 현재 더 개방적인 형태로 변화하고 있으며 국가들 사이의 협력과 경쟁 및 상호 의존의 관계도 더 강화되고 있다. 중국 역시 이러한 시대적 흐름에 편승하여 1978년 12월, 개혁 개방 정책을 결정하고 대외 개방을 국가의 기본 정책으로 채택했다. 경제적 측면에서 볼 때 대외 개방 정책은 중국이 고속 성장을 유지하는 데 결정적인 역할을 했다.

중국은 1993년 3월, 수정 헌법에 "국가는 사회주의 시장경제를 실시한다."는 조항을 삽입했다. 이는 헌법의 방식을 통해 중국의 미래 경제 체제 개혁이라는 총목표가 확립되었음을 의미한다. 같은 해 11월, 중국 지도부는 〈사회주의 경제 체제를 건립할 데 관한 결정〉을 발표하고 전국적으로 "대외 개방 정책을 확고하게 추진하고 대외 개방의 수준을 제고하며, 국내 및 국제 두 개 시장과 자원을 충분히 활용하여 자원의 최적화를 실현할 것"을 요구했다. 또한 "국제경쟁과 국제 경제협력에 적극적으로 참여하고 중국경제의 장점을 살려 개방형 경제를 발전시키며, 국내시장과 국제시장이 상호 보완하는 역할을 하도록" 개혁의 방향을 제시했다.

특히 2001년 12월, 세계 무역 기구WTO에 가입한 이후부터 중국은 더 개방적이고 대담한 자세로 세계 경제에 녹아들 수 있도록 노력하고 있다. 중국의 대외 경제 교류는 더욱 확대되고 국제시장에서의 협력과 경쟁의 수준 또한 점점 높아지고 있는 상황이다.

사실 중국이 대외 개방 정책을 실시할 수 있었던 것은 현실적인 수요뿐만 아니라 역사적으로도 그 전통을 찾아볼 수 있다.

동방의 대국이자 문명국이었던 중국은 대외 경제 교류와 국제경제협력의 역사가 유구하다. 기나긴 역사 발전 과정에서 중국은 대외 경제 교류의 우수한 전통을 갖고 있었지만 장기간 서구 사회의 오해와 멸시를 받아 무너졌다. 그럼에도 불구하고 대외 교류가 갖고 있던 본연의 가치는 그 어떤 인위적인 저항을 다 물리치고도 새로운 역사 환경에서 다시금 생명력을 얻게 하였다. 이런 의미에서 보면 중국이 현재 시행하고 있는 대외 개방 정책은 역사적으로 꾸준히 진행해 왔던 대외 경제 교류의 우수한 전통을 계승한 것이라고 볼 수 있다. 중국이 역사적으로 유지해 왔던 대외 교류의 사실을 회고하고 그 기저에 깔린 법리적 원칙을 탐구하여 경험과 교훈을 얻는 것은 귀중한 가치가 있다. 이를 통해 중국이 현재 실시하고 있는 대외 개방 정책의 역사적 맥락을 이해할 수 있을 뿐만 아니라 미국이 고집하고 있는 중국 위협론을 반박하는 데 유리한 근거로 사용할 수 있다.

중국의 대외 개방 역사는 주요하게 세 개 단계로 구분할 수 있다. 첫 번째 단계는 고대 중국 즉 노예사회 후기부터 봉건사회 시기이다. 구체적으로 기원전 4~5세기부터 1840년까지의 역사이다. 두 번째 단계는 1840년부터 1949년까지 반식민지 반봉건 사회의 시기이다. 마지막으로 세 번째 단계는 1949년 중화인민공화국의 건립 이후부터 현재까지의 시기이다.

2. 고대 중국의 대외경제교류 및 법리적 함의

엥겔스Engels, Friedrich는 인류 사회의 발전사에 연구가 깊었다. "인류의 생산 활동이 농업과 수공업으로 분리되면서 직접 교환을 목적으로 하는 생산이 나타나게 되었다. 이것이 바로 상품 생산 단계이다. 그 후 바로 무역이 발생하게 되고 부락 내부에서, 더 나아가 부락들의 접경 지역에서 교역이 진행되고 점차 해외 무역으로 확장해 나갔다." 이러한 사회 발전 법칙은 고대 유럽에서 나타났을 뿐만 아니라 어김없이 중국에서도 나타났다.

1) 고대 중국의 대외 경제교류 개황

사료에 의하면 중국 고대 첫 번째로 출현한 노예제 국가였던 하夏(기원전 21세기~기원전 16세기) 시기에 중원 대륙의 부락들 사이에서는 이미 무역이 진행되고 있었다. 다음으로 상商(기원전 16세기~기원전 11세기)나라 시기에는 중원의 무역이 오늘의 신장新疆 지역까지 확장해 있었다. 중원 왕조와 신장 지역의 교역에는 옥돌과 조가비로 만들어진 원시 상태의 화폐까지 등장했다. 서부 내륙 지역의 옥돌과 동부 연해 지역의 조가비가 화폐의 형태로 서로 교환되었다는 것은 당시 교역의 범위가 얼마나 광활했는지 잘 보여준다.

주나라(기원전 11세기 건립)는 수십 개에 이르는 제후국가들을 봉했고, 이들 제후국들은 주나라 왕실에 정기적으로 공물을 납부해야 했다. 또한 주나라 왕실 역시 '선물'의 형식으로 이들 제후국들에 상응하는 보답을 해줘야만 했다. 따라서 공물과 선물 사이에는 점차 등가 교환이라는 의미가 붙여졌고 상품이라는 인식이 자리잡기 시작했다. 이런 형식의 조공무역은 중원왕조와 서역국가들 사이에서도 이루어졌다.

춘추 전국(기원전 8세기~기원전 3세기 중엽) 시절에는 제후 국가들 사이의 경제적 교류가 일상이 되어버릴 정도였고, 더욱이 해외 유럽 국가들과의 무역도 발생했다. 가장 대표적인 사례로 기원전 4~5세기 무렵 중국의 비단이 이미 그리스 등 유럽 국가들에 나타나기 시작했다는 것이다. 중원 왕조는 남중국해를 통해 유럽의 에게해Aegean Sea까지 연결하는 상업 해로를 운영하고 있었다.

하, 상, 서주와 춘추 전국 시기 중국 대륙에서 명맥을 이어갔던 부락들과 제후국들 사이의 교류는 당연히 중화라는 통일된 제국을 형성해 나가는 과정에서 발생했던 활동이라고 볼 수 있다. 그런 까닭에 중원 왕조와 제후국들 사이의 교역은 결코 근대적 의미를 가진 국제 무역이라고 정의하기는 어렵다.

기원전 21년 진시황이 중원을 통일하고 중앙 집권적 봉건 대제국을 건립하게 된다. 그 영역은 북쪽으로 한반도와 인접된 지역까지 이르렀고 남쪽으로는 인도차이나반도까지 이르렀다. 따라서 중국과 이 두 지역 사이의 경제 교류가 활발히 진행되었다. 중국의 비단, 칠기, 철기 등 문물들이 교역을 통해 이들 지역으로 흘러 들어갔고, 반대로 두 지역의 특산품들이 중원에 나타났다. 그러나 진나라가 존재했던 시간이 너무 짧았던 관계로 이 시기 대외 교류 역시 오래 지속되지 못했다. 진시황은 11년간 재위했고, 진 2세에 와서는 내정에 혼란이 오면서 국가 자체가 신속히 멸망했다.

그 뒤를 이은 한나라(기원전 202년~기원 220년)는 장기간의 전란으로 중원이 황폐해진 상태에서 건립된 국가였다. 그러나 몇 세대에 걸친 왕들의 근면한 통치로 다시 사회가 안정되고 생산이 발달한 국면을 맞이했다. 시장이 다시 흥성해졌고 대외 경제 교류가 활발히 이루어졌다. 장건張騫과 반초班超와 같은 걸출한 인물이 나타나 서역으로 향하는 실크로드를 개척했다. 이후 실크로드는 중원 왕조와 중앙아시아는 물론 더 나아가 중동 지역과 아프리카, 유럽을 이어주는 중요한 통로가 되었다. 육로 뿐만 아니라 해상에서의 실크로드까지 개발되었다. 광둥성의 판위番禺는 이때 벌써 중요한 항구 도시가 되었으며 해상 무역의 창구 역할을 했다. 당시 중국은 원양 선박을 이용해 일본과 인도까지 해상 무역을 확장해 나갔다. 사료의 기록에 따르면 양한(서한, 동한) 시기 중국과 조공 무역을 하고 있던 대상은 50여 개 국가에 달했다. 서한 초기에 벌써 수도 장안에는 교역 사절단을 전문적으로 영접하는 영빈관이 설치되어 있었다. 흥미로운 점은 이역에서 중원으로 찾아온 일부 상인들은 이중 번역 즉 세 가지 언어의 통역을 거쳐서야 소통이 가능했던 것으로 전해진다. 이는 당시 중국과 외부 세계와의 접촉이 아주 밀접하고 빈번하게 이루어졌음을 말해준다.

배경설명

한나라의 장건은 기원전 138년과 114년, 두 차례 서역에 사신으로 갔다. 그는 서쪽으로 중화 문명을 전파했고 서역으로부터 포도, 석류, 참깨와 같은 문물을 도입했다. 그 후 반초 등 수많은 인물들이 실크로드를 유지하고 발전시키기 위해 노력했다.

(1) 장건張騫

배경설명

장건(대략 기원전 164~114년), 현재 산시성 경내 한중군 출신. 중국 한나라 시기의 걸출한 탐험가이자 여행가이며 외교관이다. 실크로드의 개척에 중요한 공헌을 하였다. 한나라가 서역으로 통하는 길을 열었고 서역으로부터 한혈마, 포도, 석류, 참깨 등 문물을 들여왔다.

35. 장건의 동상 (출처: http://tupian.baike.com/a4_57_20_01300000181422121610207314576_jpg.html?prd=zhengwenye_left_neirong_tupian.)

36. 둔황 막고굴 제323호 동굴에 기록된 장건의 서역 출사도. 당나라 초기(618-714년). (출처: http://a1559225617.blog.163.com/blog/static/210595007201402812114426/, 둔황 막고굴 제323호 동굴: http://public.dha.anc.n/content.aspx?id=895297935318)

(2) 반초班超

배경설명

반초(기원후 32~102년), 산시성 평릉현 출신.

동한 시기 저명한 군사가, 외교관.

37. 반초 초상화 (출처: http://topic.ts.추/jinrixinjiang/201003a/2010-04 /06/content_4892132.htm)

(3) 실크로드

한나라(220-581년) 이후 삼국, 위, 진, 남북조의 혼란기를 겪으면서 중원에는 장기간 전란과 분열 상태가 유지되었다. 그로 인해 중원과 서역을 연결해 주던 실크로드와 같은 육상 통로가 막혀버리고 말았다. 반면에 남방의 해상 통로는 여전히 활발하게 운영되고 있었다. 원양 무역선들이 남태평양과 인도양까지 진출했고 자바Java 섬, 수마트라, 스리랑카 지역들과 교역을 진행했다.

이후 수나라(581-618년)가 난세를 평정하고 중원을 통일했으며 짧은 통치와 함께 당나라(618-907)에 의해 교체되었다. 중원은 다시 통일되고 안정적인 국면으로 접어들었고 경제와 문화가 점차 융성하게 발전하게 되었다. 강대한 국력을 바탕으로 당나라는 대외 경제 교류에도 관심이 많았다. 북방의 육상 교역 통로를 개발

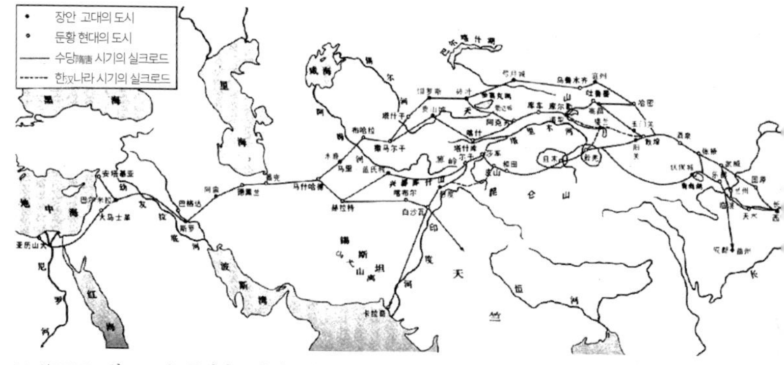

38. 실크로드 실크로드는 중원의 도시 장안에서 시작하여 하서회랑을 통과한 이후 옥문관과 양관을 지나 신장 지역에 이른다. 또 다시 파미르고원과 중앙아시아, 중동, 북아프리카를 지나 아프리카와 유럽을 연결한다.(출처: http://geo.cersp.com/sZxtx2/lists/200711/4034_2.html)

하고 확대하는 동시에 해상 무역을 중점으로 육성했다. 특히 광저우廣州 쟈오저우交州 차오저우潮州 취안저우泉州 밍저우明州 추저우楚州 등 연해 도시들은 이미 거대한 항구로 변해 있었으며 일본과 남양의 제국들과 무역을 진행했다. 일부 원양 무역선들은 더 멀리 페르시아만까지 진출했다. 당나라는 외국 상인들에게 유리한 정책을 펼쳤으며 "교역과 유통에 과중한 세금을 부과하지 않았다." 이런 정책으로 수많은 상인들이 장안으로 몰려들었으며 외국에서 수입한 문물들이 시장에 넘쳐나 성황을 이루었다. 해상 무역의 발전과 함께 중앙 정부는 중요한 항구 도시에 '시박사市舶使'라는 전문 관원을 파견해 무역과 출입국, 세관 등 사무를 관장하게 했다. 시박 제도는 이후 천여 년 간 중국의 역사에 존재했으며, 이는 현대적 의미의 무역 기구와 세관의 최초 형태였다.

배경설명

당시 70여 개 국가가 당나라와 교역하고 있었다. 수도 장안의 거리에는 외국에서 온 사신들과 상인, 유학생들로 붐비었다. 이러한 교류는 중화 문명의 전파와 외래문화의 중국 진입에 유리했다.

① 당나라에 찾아온 외국 사신

39. 당나라에 찾아온 외국 사신(위) (출처: http://51ar.net/read/book/1327/305251/htm)

40. 벽화 빈객도(아래) 산시성에서 발굴된 길이 187cm, 넓이 342cm의 벽화. 여섯 명의 인물이 등장하는데 『구당서』의 기록에 따르면 일본과 고려에서 파견된 사신의 모습을 하고 있다고 한다.(출처: http:// 51ar.net/read/book/1327/305250.htm)

② 서역의 기녀가 음주가무를 즐기다胡姬酒肆

41. 서역의 기녀가 음주가무를 즐기다胡姬酒肆 (출처: http://tanchao.baike.com/article-103258.html)

③ 서역의 가무

42. 서역의 기녀가 춤을 추는 그림 (출처: http://blog.sina.com.cn/s/blog-6db5d75001011fwi.html)

43. 둔황 막고굴 벽화
(출처: http://blog.sina.com.cn/s/blog_6db5d75001011fwi.html)

(4) 감진鑒眞 승려의 동도 일본

기원후 753년 12월 20일, 66세 고령의 당나라 승려 감진은 실명한 상태에서 일본 견당사遣唐使 일행과 함께 일본에 도착했다. 감진은 일본에서 큰 환영을 받았다. 천황과 황후, 황태자가 감진으로부터 보살계를 받았고 저명한 승려 440여 명 또한 보살계를 받았으며 80개의 불교 사원이 새로운 계율을 받았다. 이때부터 일본 불교에도 정식으로 율법 전승이 있게 되었고 감진은 일본 불교의 율종 시조로 추앙 받았다. 756년, 천황은 감진에게 대승도大僧徒 직함을 내리고 일본의 불교 사무를 총괄할 수 있는 권한을 부여

44. 감진의 동도 일본(위) (출처: http://www.gg-art.com/ggact/auction/detail.php?did=1167&bid=38)

45. 감진의 초상화(오른쪽) (출처: http://jnsx.xihaiannews.com/shtml/jnsx/20121128/947.shtml)

했다. 759년 감진과 그의 제자들은 당초제사唐招提寺를 수건하고 그곳에서 불교 율법을 전파했다. 사원은 그 시기 당나라 최고의 재료와 기술을 사용하여 불상과 벽화, 조경 등 환경을 조성했으며 예술적으로 높은 기량을 선보였다. 이들이 조성한 당초제사 건축물들은 일본 역사에서도 가장 아름다운 자산으로 인정받고 있다. 감진이 입적하기 전 그의 제자들은 칠갑漆夾기술을 이용해 초상화를 제작했는데 이후 일본의 국보로 보존되고 있다.

〈감진의 동도 일본〉은 중국과 일본 양국 역사에서 모두 우호적인 교류의 대표적인 사례로 전해지고 있다. 감진은 중화 문명의 우수한 자산을 천신만고 끝에 일본에 전파했고, 일본인들은 그의 노력에 감사하며 잊지 않고 있다. 그러나 유감스러운 점은 1868년 메이지유신 이후 일본 군국주의자들은 역사에서 다져진 양국 인민들의 우정을 저버리고 말았다는 것이다. 강대국으로 부상한 일본은 여러 차례 중국을 침략했고, 중국인들에게 씻을 수 없는 모욕과 희생을 안겨주었다. 이는 그야말로 은혜를 원수로 되갚는 천인공노할 악행이 아닐 수 없다.

배경설명

당초제사는 일본 나라현에 위치한 유명한 불교 사원이다. 당나라 승려 감진이 일본에 넘어간 이후부터 조성된 이 사원은 770년에 완공되었다. 중국 당나라 시기 건축풍을 자랑하는 사원은 현재 일본의 국보로 남아있다.

46. 일본 당초제사(1) (출처: http://www.cco100.com/videoview/8876/html)

47. 일본 당초제사(2) (출처: http://www.ce.cn/cultureworldheritage/200905/10/t20080510_15416999.shtml)

배경설명

2011년 9월 제7회 장수성 박람회에서 일본 대표단은 1개월의 시간을 들여 〈감진 동도 모래 조각〉을 완성했다.

48. 감진 동도 모래 조각 (출처: http://roll.sohu.com/20111004/n321271567.shtml)

당나라는 중국 역사에서 최고의 태평성대를 이루었던 시기였다. 농업, 수공업 등 생산 수단이 발달했고 선진적 문화 수준을 자랑했다. 또한 통치자가 대외적으로 경제와 문화 교류를 중시했기 때문에 수많은 외국인들이 상업과 유학을 목적으로 중국을 찾았다. 심지어 장기 거주 외국인은 수십만 명에 달했다. 일부 외국인들은 당나라의 시민권을 획득하기도 했고 정부에서 관직을 맡기도 했다. 이때 일본을 포함한 외국인들은 중원 대륙의 중국인을 '당인'이라 불렀고, 중국 상품을 '당물', 중국 문화는 '당문화'라고 불렀다. 당나라의 명성은 전 세계에 알려졌고 현재까지 그 영향력이 유지되고 있다.

송나라(960-1279) 시기는 북방의 정국이 안정되지 못했기에 전쟁으로 육지의 상업 통로가 폐쇄되는 경우가 많았다. 따라서 송나라는 남방의 해로를 통해 외국과 무역을 진행했다. 송나라 초기 중앙 정부에는 '각역원権易院'이 설치되어 전문적으로 대외 무역을 관장하는 역할을 했다. 쟝수江蘇, 저장浙江, 푸젠福建, 광둥廣東 등의 항구 도시에는 '시박사'가 설치되어 수출입 무역과 세금 징수, 박래품 구입 등의 업무를 관리했다. 1080년에 발표된 〈시박사 조례〉는 중국 역사에서 최초로 나타난 대외 경제 무역과 관련된 법률이었다. 송나라 왕실이 패망하여 남쪽으로 도망갔을 때는 특히 해상 무역에서 징수하는 세금을 중시하였는데, 정권을 보존하기 위해 유용한 자원으로 세금을 이용하려고 했다. 즉 "교역에서 발생하는 이득을 나라를 구하는 데 사용하는 것"이었다. 왜냐하면 그 이득은 가장 풍성했고 잘 관리하면 백만금에 달했기 때문에 백성들로부터 세금을 징수하는 것보다 편리했기 때문이다. 당시 취안저우泉州와 광주廣州, 두 항구 도시의 1년 무역 수입은 전국 재정 수입의 20%를 차지할 정도였다.

11세기에 편성된 〈시박사 조례〉는 이후 수정과 보충을 거쳐 송나라 말기까지 200년 동안 사용되었다. 비록 그 전문은 유실되어 찾을 수 없지만 사료와 문헌의 기록에서 그 윤곽과 내용을 찾을 수 있다.

(1) 교역이 점차 규범화되었다. 시박사의 직권과 직책을 분명하게 규정하여 세관과 대외 무역의 기능을 포함하여 정부 부처의 기능을 할 수 있게 하였다. 고대 중국의 대외 무역이 점차 규범화와 법제화로 나아갈 수 있었다.

(2) 대외 무역을 지원하고 정부와 민간의 구분을 명확하게 했다. 외국 무역선들이 중국 항구에 진입하는 것을 환영했고 대외 무역을 장려했다. 교역에서 금지하는 물품을 명확하게 규정했고 정부에서 구매하는 '관시官市'와 민간의 자유 무역 '민시民市, 聽市貨與民'의 품목을 구분했다.

(3) 저세율 정책을 실시했다. 외국 상선이 중국 항구에 진입할 때 당지 관원이 배에 올라 물품을 점검하고 일정한 세율을 부과했다. 진주, 상아, 마노 등 소수의 귀중품은 10%의 세율을 부과했고 특산품, 약재, 향료, 목재, 면포 등 생활용품은 6.66%의 세율이 적용됐다. 세후 모든 물품은 규정에 따라 관시와 민시에 진입해 자유롭게 유통되었다.

(4) 허가 제도를 시행했다. 상선이 중국 항구에서 출항할 때 반드시 당지 시박사에 목적지와 상품의 수량 및 명목을 제출해야 했을 뿐만 아니라 당지 유력 부호의 담보가 있어야 했다. 이런 조건

을 만족해야 시박사에서 통행에 필요한 허가증을 발급했다. 같은 상선이 귀국할 때는 출국 시 받았던 허가증을 반납하고 외국에서 수입한 물품을 신고한 후 시장에 진입 가능했다.

(5) 밀수를 금지했다. 위반자는 선박과 상품을 몰수하는 등 큰 죄로 다스렸고, 고발한 사람에게는 시가의 절반 가격으로 상품을 구입할 수 있도록 상을 내렸다.

(6) 외국 상선의 합법적인 이익을 보장했다. 지방 관리와 토호 세력이 강매하는 행위를 엄격하게 처벌했다.

(7) 외국 상인을 예우했고 해상 조난 사건이 있을 때 구제했다. 외국 상인들이 머무를 수 있는 영빈관을 마련하여 "조정이 멀리서 온 손님을 환영한다"는 뜻을 전하게 했다. 외국 상선이 중국 근해에서 조난했을 경우 선박이 파손되었거나 선주가 부재하면 당지 관원이 적극적으로 구조해야 하며 물품은 등록하고 이후 선주의 친인척이 수령할 수 있도록 조치했다.

이상의 내용으로부터 알 수 있듯이 900여 년 전에 만들어진 〈시박사 조례〉는 후세의 관세법, 교역법, 국제법 등의 시초가 되어 큰 영향을 미쳤다.

배경설명

2007년 12월, 광둥성 문물고고학연구소와 광저우 인양국은 8개월의 작업 결과 '남해 1호' 보물선 인양에 성공했다. 선박 전체를 인양하여 광둥성 해상 실크로드 박물관에 안치했다.

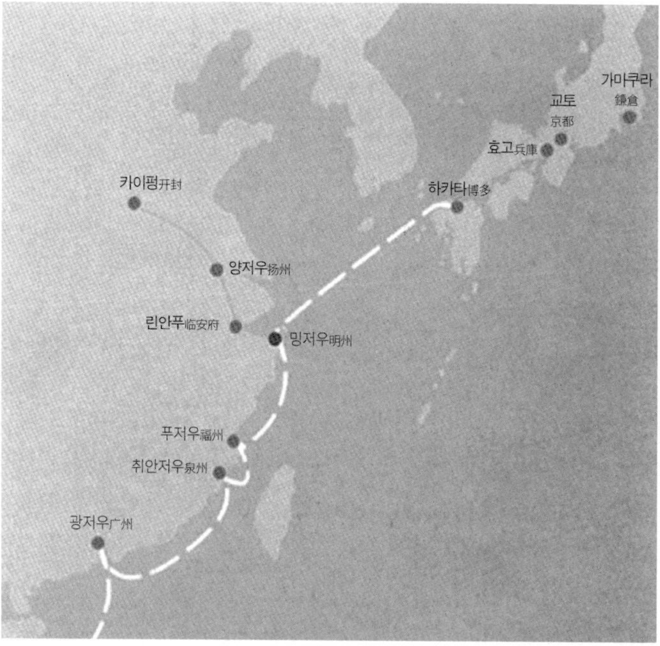

가마쿠라 鎌倉
교토 京都
효고兵庫
하카타博多
카이펑开封
양저우扬州
린안푸临安府
밍저우明州
푸저우福州
취안저우泉州
광저우广州

49. 북송, 남송의 대 일본 교역 노선도(위) (출처: http://www.confucianism.com.cn/html/keji/6517567.html)

50. 송나라의 침몰한 무역선 남해 1호(아래) (출처: http://go.my399.com/system/20120223/000339193.xml)

51. 인양된 남해 1호(위) (출처: http://www.moc.gov.cn/2006/jiaotongji/nanhaiyihao/dalaotp/200706/t20070612_269716.htm)

52. 남해 1호에서 발견된 보물들(아래) (출처: http://news.sina.com.cn/c/2003-03-04/1134932036.shtml)

원나라(1271~1368)는 광대한 국토를 개척했기 때문에 북방의 상업 통로가 실크로드를 통해 외부와 잘 연결되었다. 뿐만 아니라 해상무역도 발달했다. 원나라는 이전 왕조였던 송나라에서 사용했던 율법을 기반으로 1293년 〈시박사 칙법 22조〉를 시행한다. 이로써 교역과 세수에 관한 관리가 더욱 규범화되었다. 정부가 직접 출자하여 선박을 구입하고 민간에서 유능한 선원을 고용하여 외국과의 교역에 나서는 현상도 나타났다. 이런 방식을 통해 생긴 이득은 '관7 민3'의 원칙에 따라 정부가 7할, 민간이 3할을 나누어 가졌다. 또한 정부의 선박 뿐만 아니라 무역에 종사하는 민간의 선박과 선원들도 보호를 받았다. 이러한 변화는 송나라 때 수입 물품에 대해 '전매특허'의 규정으로 제한했던 것보다는 훨씬 진보한 조치였다. 저세율, 보호와 장려, 외부 유치 등 자극적인 정책을 시행했던 이유로 외국의 상인들이 많이 몰려왔다. 당송 시기에는 아랍 상인들이 주요한 외국인이었다면 원나라에 와서는 유럽과 북아프리카의 상인들도 다수 발견할 수 있었다. 원나라 초기 중국을 방문했던 이탈리아의 여행가 마르코 폴로는 취안저우泉州항과 지중해 국제무역의 중심지였던 알렉산드르 항을 같은 수준으로 기록했으며 세계의 양대 무역 항구라고 평가했다.

53. 마르코 폴로 (출처: http://tupian.baike.com/a3_56_63_01300000271069123449633867370_jpg.html)

54. 원나라 세조元世祖 쿠빌라이 칸이 대도(북경)에서 이탈리아 여행가 마르코 폴로를 접견하고 있다. (출처: http://blog.sina.com.cn/s/blog_669fb8640100p3ab.html)

배경설명

취안저우항은 당나라 시기부터 중국 동남 연해의 4대 항구였다. 취안저우항은 '3만 12항구'의 규모를 자랑했는데 취안저우만, 선후만深滬灣, 워이터우圍頭灣 이 세 개 항만에 12개의 항구가 자리잡고 있었다.

55. 고대 취안저우만 약도 (출처: 『晋江市志 · 古代港口』, http://www.fjsq.gov.cn/showtext.asp?tobook= 3215&index=923)

명나라(1368-1644) 초기, 정부는 당, 송, 원 이전 왕조에서 700여 년 동안 시행해 온 대외 정책과 무역 제도를 계승 받아 수정한 이후 더 합리적인 제도를 운영했다. 홍무洪武와 영락永樂 두 황제는 외국 상인들을 유치하기 위해 공물을 바치는 선박과 상선을 구별했다. 명나라 정부에 공물을 운반하는 '공박貢船'의 물품에 대해서는 높은 값을 책정해 주었고 일반 민간 상선의 물품은 일절 세금을 면제했다. 세금을 없애자 세계 각지의 상인들이 중국으로 모여들었고 국제 무역이 발달했다.

한편 명나라는 정부 차원에서 원양 항해를 준비하고 있었다. 1405~1433년 사이에 명나라는 규모가 방대한 원양 함대를 조직하고 정화鄭和의 인솔 하에 7차례의 원정을 떠났다. 정화의 함대는 현재의 인도네시아, 스리랑카, 태국, 인도 서해안, 페르시아만과 아라비아 반도의 국가들, 소말리아, 케냐 등의 지역에 도착했다. 이로써 중국은 아시아와 아프리카의 30여 개 국가들과 정치적으로 우호 관계와 무역 관계를 건립할 수 있었다. 정화의 첫 번째 원정에 참가한 인원은 그 규모가 27,000명에 달했다. 또한 7년에 걸쳐 도착한 지역과 항해 거리, 그리고 참여 인원의 규모 등은 모두 세계 항해사의 진귀한 기록으로 남아 있다. 정화의 함대가 개척했던 항로와 더불어 고대 중국이 대외 교류에서 보여줬던 개방된 인식과 성과는 외국 역사에서도 인정하는 부분이다. 정화의 항해는 중화민족의 용감한 개척 정신과 창의성을 잘 보여준다.

정화의 항해에 연구가 깊은 미국 전문가는 정화와 콜럼버스를 비교한 논문에서 이렇게 썼다.

1405~1433년, 정화는 그 당시, 아니 더 정확히 표현하자면 그 후 500년 이내에도 가장 큰 규모라고 할 수 있는 함대를 이끌고 7차례의 원양 항해를 떠났다. 제1차 세계대전 이전 까지만 해도 인류 역사에는 정화의 함대보다 더 큰 규모의 함대는 나타나지 않았다. 정화의 함대는 2만 8천 명의 선원과 300척의 큰 함선으로 구성되었다. 그 중 가장 큰 함선의 길이는 400 피트(대략 122미터)에 달했다. 이에 반해 콜럼버스의 함대는 90명의 선원과 3척의 함선이 전부였다. 그리고 가장 큰 함선의 길이는 85피트밖에 되지 못했다. 정화의 함선은 그 규모뿐만 아니라 기술 측면에서도 우수했다. 당시 사용했던 평형정류타平衡整流舵와 방수창防水艙 기술은 350년이 지난 후 유럽에 나타났다. 이는 동방의 기술이 서방보다 훨씬 진보했던 시절이 있었다는 것을 일깨워 준다. 사실 수천 년의 인류 역사에서 로마 제국 시대를 제외한 대부분의 시기에 중국은 유럽보다 경제적으로 부유했고 기술이 발달했으며 개방적인 사회를 유지했다. 콜럼버스의 첫 번째 항해가 있기 50년 전에 정화의 함대는 이미 동아프리카 연안에 도착했고 아랍 상인들로부터 유럽의 소식을 전해 들었다. 이런 추세가 유지되었다면 중국이 남아프리카의 희망봉을 거쳐 유럽과 무역 관계를 건립하는 것은 아주 쉬운 일이었을 것이다. … 그러나 정화의 함대는 더 이상 항해를 이어가지 못했고, 아시아는 상대적으로 폐쇄적인 상태에 진입했으며 신속히 몰락해 갔다. 이와 반대로 유럽은 중흥기를 맞이했고 콜럼버스가 발견한 아메리카 대륙도 잠에서 깨어나기 시작했다. … 15세기 중엽 중국 통치자들의 과도한 자신감과 우둔한 통치 방식은 결국 중국으로 하여금 침체기에 빠지게 만들었다.

56. 정화의 초상화(오른쪽)
(출처: http://sref.cnki.net/ferdwe b/student/ShowDetail.aspx? Table=FERDOTHERINFO&ShowField=Content&TitleField=Title-ShowTitle&Field=OTHERID&Value=R20060710900A000005)

57. 정화의 함대(아래)
(출처: http://big5.china.com/gate/big5/military.china.com/zh_cn/history2/06/11027560/20050407/12223852.html.)

배경설명

정화의 함대는 새로운 지역에 도착하면 당지의 국왕이나 부락의 추장에게 진귀한 선물을 진상했다. 이런 우호적인 태도는 거의 모든 지역에서 환영을 받았다.

58. 정화가 선물을 진상하고 있다.① (위) (출처: http://gb.cri.cn/3321/2005/06/10/782@578688_1.htm.)

59. 정화가 선물을 진상하고 있다.② (중간) (출처: http://pic.baike.soso.com/p/20110706/20110706102942-238524019.jpg.)

60. 말레이시아의 정화 사당(아래) 말레이시아에서 가장 유명한 정화의 사당은 '삼보 공묘三保公廟' 또는 '보산정寶山亭' 으로 불린다. 정화의 호 '삼보' 를 딴 이 사당은 1795년 당지 화교 수령에 의해 세워졌다.(출처: http://www.keyunzhan.com/jingdian-4806/)

중국은 한나라와 당나라의 태평성대와 명나라 초기까지의 강성한 국력을 바탕으로 대외 개방과 경제 문화 교류에 적극적이었다. 이런 개척 정신은 고대 중국의 경제 사회 발전과 과학 문화 기술의 발달, 그리고 더 나아가 국제적 위상을 높이는 데 유리하게 작용했다. 또한 중국은 오랜 기간 동안 평등하고 호혜적인 대외 경제 문화 교류를 진행함으로써 전 세계와 인류의 문화 발전과 공동 부유, 번영에도 큰 공헌을 했다.

그러나 중국의 이런 우수한 전통과 개척 정신은 이후 지속되지 못했을 뿐만 아니라 오히려 억제와 배척을 당하는 시기를 경험하게 된다. 명나라 중기에 들어서면서 봉건 통치자들은 우매하고 부패했으며 세계의 형세에 어두웠다. 명나라 황제는 동남 연해에 왜구가 창궐한다는 이유로 해금을 실시했고 항구를 봉쇄했으며 대외 무역을 금지하는 쇄국 정책을 선택했다. 비록 해금 정책에 대한 완급 조절은 있었지만 명나라가 멸망할 때까지 중국의 대외 경제 교류는 사뭇 침체 상태에 처해 있었다.

청나라(1636~1911) 초기 만주족 통치자들은 한족 반대 세력이 해외에서 결집해 '반청 운동'을 전개하는 것을 막기 위해 더욱 엄격하게 해금을 실시했다. 청나라 건립 초기 30~40년 동안 "판자 한 조각도 바다에 나갈 수 없고寸板不許下海", "돛 한 조각도 입항하지 못하는片帆不準入港" 엄격한 제도를 시행했고 어기는 자는 극형에 처했다. 따라서 중국의 대외 경제 교류는 더욱 침체기에 빠졌고, 그 의지와 능력마저 상실했다. 1684년 엄격한 규정이 조금 완화되었다. 장수江蘇, 저장浙江, 푸젠福建, 광둥廣東 등 네 개 지역에 항구를 다시 열고 외국 상인들의 입항을 허락했지만 일단 불법 활동에 종사하는 기미만 보이면 엄격하게 단죄했다. 이런 추세는 오래 지속되지 못했고, 1757년 기존의 3개 항구를 다시 폐쇄했다. 중국은 동방의 대국으로 청나라 시기 통치했던 국토 면적은 유럽 전체와 비슷했고 해안선의 길이는 2만 킬로미터에 달했다. 그러나 같은 시기 유럽의 해안선은 항구가 번창했고 대외 경제 교류가 활발하게 이루어지고 있었다. 반면 중국의 광대한 대륙은 광저우 항구 하나로 숨을 쉬고 있는 상황이었다. 이런 터무니없는 상황은 80여 년 동안 지속되었고, 1840년 아편 전쟁이 폭발하고 영국의 함선과 대포가 '천조의 대문'을 부숴 버린 이후 종료되었다.

2) 고대 중국의 대외 경제 교류의 법리적 함의

고대 중국의 대외 경제 교류는 시기에 따라 번영과 쇠락의 부침이 심했다. 전체적인 역사를 분석해 보면 그 궤적과 법리적 원칙을 어느 정도 정리해 낼 수 있다.

첫째, 고대 중국이 대외 경제 교류에 나설 수 있었던 원인은 국내 생산력이 발달한 결과이다. 생산력의 확대는 시장을 요구하게 되었고 자연스럽게 더 넓은 국제시장으로 진출하게 되었다. 역사상 위대한 통치자들은 시대의 발전 흐름에 적응하여 적극적으로 대외 교류를 진행하여 중국의 자신감과 용기, 통찰력을 보여주었다. 반면에 우매한 통치자들은 시대의 발전 흐름에 역행하여 대외 경제 교류를 금지하여 약자의 나약함과 무능, 부패, 비겁함을 나타냈다. 완전히 상반된 두 가지 방식은 또한 대조적인 결과를 만들었다. 대외 교류는 중국에 이득을 남겼고 쇄국 정책은 국가를 위태롭게 만들었다.

둘째, 대외 경제 교류는 국내 생산력의 발전과 더불어 자연적으로 발생한 현상이기 때문에 강력한 자생력을 보유하고 있었다. 때문에 국가가 금지한다고 해서 단절되는 것이 아니고 항상 다른 형식으로 존재했다. 진한秦漢 이후 2천 년 동안의 역사를 살펴보면 비록 두 차례의 쇄국 정책이 있었지만 대체적으로는 적극적인 개방 정책이 주요한 부분을 차지했다. 자발적이고 대담하며 적극적인 개척 정신은 중화민족의 우수한 전통 가운데 언제나 중요한 내용이었다. 쇄국 정책의 일면만 강조하면서 이를 중국 역사의 주류라고 왜곡하는 것은 역사에 대해 무지한 표현이다.

셋째, 대외 경제 교류의 과정에서 중국은 대부분 자주적이고 평화로우며 호혜적인 법리적 원칙을 시행했다. 역대 통치자들과 백성들은 외국에서 온 상인을 반갑게 맞이했고 우대했으며 그들이 중국에서 이득을 취할 수 있게 해 주었다. 중국의 수출 상품은 주요하게 비단, 칠기, 도자기, 엽차 등이었으며 수입 상품은 중국에서 나지 않는 이역의 토산품이었다. 이런 물질문명의 교류는 완전히 자원적이고 문명한 교역 방식에 근거해 진행되었다. 서방 열강들이 대외 무역에서 폭력을 행사하거나 노예 매매를 하는 방식과는 전혀 다른 성격의 교류였다.

중국과 외부 세계의 문명 교류는 전체 인류 문명의 발전에도 공헌했다. 중국의 양잠 기술, 도자기 제조, 제지, 인쇄, 화약, 지남침 등 선진적인 기술들이 대외 경제 교류를 통해 세계에 전파되었고 전체 인류의 발전에 걸출한 공헌을 했다. 동시에 중국 역시 수입을 통해 조선, 야금, 지남침, 천문, 지리, 항해 등의 영역에서 필요한 기술을 받아들였고 국내 생산력 수준을 끌어 올렸다.

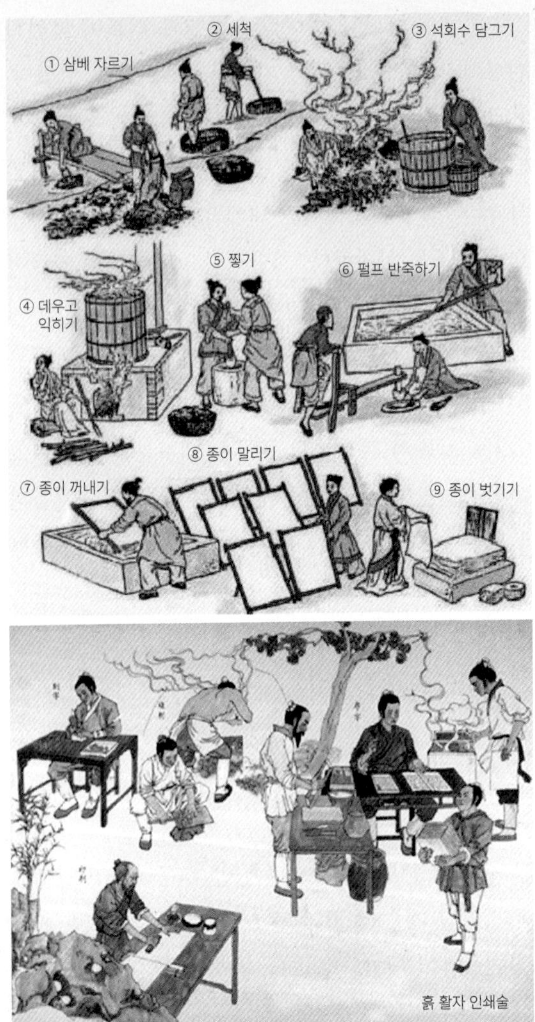

61. 한나라 제지 공예도 (출처: http://jump.bdimg.com/p/3284618372? pid=57181157586&see_lz=1)

62. 송나라의 인쇄술 (출처: http://www5.nlc.gov.cn/newhxjy/sjbwg/tsg/xts/201104/t20110426_41835.htm)

중국에서는 보기 드문 이역의 물품이었던 서역의 준마, 아랍의 화유(석유)와 참깨, 부추, 마늘, 옥수수, 고구마, 땅콩, 담배 등의 농작물이 세계 각지로부터 몰려들어 중국의 목축업, 농업, 수공업의 발전을 추진했다.

흥미로운 점은 현재 중국인들이 일상에서 사용하고 있는 면화 역시 송나라 시기에 전파된 '박래품舶來品(다른 나라에서 배로 실어 온 물품)'이라는 사실이다. 면화는 송나라 시기에 외국에서 들여와 원나라와 명나라 두 왕조를 거친 이후 대량 생산이 가능해졌다.

이후 면 방직업이 중국의 주요한 산업이 되었고 일반 백성들의 생활과 밀접히 연관된 수공업으로 발전하게 되었다. 면화는 중국인들의 일상생활에서 입는 문제를 해결해 준 가장 대표적인 박래품이다. 면화가 도입되기 이전 중국인들은 거칠고 딱딱한 재료의 옷을 입었지만 대량 생산이 가능해진 이후 일반 백성들도 저렴한 가격에 구입할 수 있었다. 명나라 시기에 면 방직업은 이미 국가 세수의 주요한 내원이 되었다. 면화가 외국에서 수입되어 중국에서 뿌리를 내려 산업으로까지 발전한 과정은 새로운 상품이나 기술이 '수입-진화-발전-수출'의 형태로 성공을 거둔 전형적인 사례이다.

일부 비판적인 의견은 고대 중국의 대외 경제 교류는 주요하게 '조공 무역'의 형식으로 진행되었으며, 그 목적은 통치자들의 사치품에 대한 욕망을 만족시켜 주는 것이었을 뿐 일반 백성들의 경제생활에 큰 도움을 주지 못했다고 주장하고 있다. 하지만 이는 역사에 대한 편견과 오해일 뿐 사실에 부합하지 않는다. 면화 기술이 중국에 전파되어 사회생활을 윤택하게 했던 사례가 바로 제일 중요한 반론이다. 이는 고대 중국의 대외 교류는 주요하게 호혜평등과 공평한 행위적 규범이 적용되었고, 그 결과는 역시 적극적인 사회적 효용으로 나타났다는 것으로써 증명된다. 대외 교류 과정에서 평등하고 호혜적인 결과를 추구했던 것은 중화민족의 여러 우수한 전통 가운데 중요한 내용이다.

넷째, 고대 중국의 대외 경제 교류는 기나긴 역사 전통을 갖고 있으며 한동안은 아주 발달한 수준을 보이기도 했다. 그러나 당시 사회의 제한을 받아 그 규모와 가치는 근현대의 무역과 같은 수준에서 비교할 수 없다. 대외 무역의 존재와 발전은 2천 년 동안 봉건 사회의 생산 방식과 밀접한 연관성이 있어 왔다. 따라서 그 규모와 수준, 사회적 영향력은 봉건 사회의 경제 형태로 인해 제한과 속박을 받을 수밖에 없다. 봉건 사회 말기 자급자족의 생산 방식이 활력을 잃어버리면서 대외 경제 교류도 정체상태에 빠지게 되었고 심지어 몰락의 길에 들어서게 되었다.

다른 측면에서 반성할 부분도 있다. 중국은 장기간 대외 경제 교류 과정에서 자신을 '천조天朝'라고 인식했고, 외국의 우호적인 상인들을 '만이가 조공을 바치는蠻夷來朝' 형식으로 표현했다. 또한 정부와 교역하는 물품 중에 상대방의 상품을 억지로 '공물貢'이라 표기하고 중국의 상품을 '하사품賜給'이라고 칭했다. 외국 사신과 상인들이 거주하는 영빈관을 '만이의 저택蠻夷邸'이라고 표현하는 등의 방식은 봉건 통치자들과 지식인들의 허영심을 폭로한다. 이런 정신은 민족 자존심과 구별되는 것이므로 반드시 비판받아야 마땅한 것이다.

다섯째, 역사적 조건과 경제 체제의 제한으로 인해 고대 중국의 대외 경제 교류는 여러 측면에서 부족한 한계를 드러냈지만 수천 년 동안 이어진 맥락은 주요하게 인류 문명의 발전을 촉진했다는 것이다. "문명은 교류할수록 다양해지고 서로 감상할수록 풍성해진다. 문명의 교류는 인류의 진보와 세계 평화 발전에 중요한 원동력을 제공한다." 우선 인류의 문명은 지역에 따라 다양하기 때문에 서로 교류와 감상이 필요하다. 둘째, 다양한 문명은 우열의 순서가 없이 평등하다. 평등은 문명의 교류에 있어 전제조건이다. 셋째, 다양한 문명은 서로 포용할 수 있어야만 교류와 감상이 가능하다. 바다는 수많은 하천을 받아들이고 포용할 수 있기 때문에 거대하다. 인류가 창조한 다양한 문명은 모두 노동의 지혜가 응축된 결과물이다. 모든 문명은 존중 받아야 마땅하고, 그 성과물은 인류 모두의 자산이다. 넷째, 중화 문명은 중국에서 발생하고 발전했지만 기나긴 시간 동안 다른 문명과의 끊임없는 교류를 통해 형성된 문명이다.

3. 반식민지 반봉건 사회 중국의 대외 경제 교류 및 법리적 함의

아편 전쟁의 포화가 중국의 대문을 열어젖힌 이후 중국의 대외 경제 교류에는 중대하고 급격한 변화가 발생했다. 아편 전쟁 이전의 특징이 자주독립과 호혜평등이었다면, 그 이후는 외래 세력에게 지배를 당하고 열강의 통제와 약탈을 받는 상태로 전락했다.

1) 반식민지 반봉건 사회 중국의 대외 경제 교류 개황

1840년 영국이 아편 전쟁으로 중국의 문호를 강제로 개방시킨 후 식민주의자와 제국주의 열강은 여러 차례 중국에 대한 침략 전쟁을 감행했다. 1857년 영국과 프랑스 연합군의 침략 전쟁, 1884년 중국-프랑스 전쟁, 1894년 중일 전쟁, 1900년 8국 연합군의 침략 전쟁 등이다. 전쟁과 폭력에 굴복한 중국의 봉건 통치자는 열강에게 땅을 떼어 주고 '조차지租借地'를 내어 줄 수밖에 없었다. 일본은 대만과 펑후 열도를 점령했고, 여순항을 조차했다. 영국은 홍콩을 점령했고, 프랑스는 광저우를 조차했다. 청나라는 국토를 상실한 것 외에도 거대한 규모의 전쟁 배상금까지 지불해야 했다. 특히 일본은 1931년부터 1945년까지 14년 동안 중국에 대한 침략을 멈추지 않았는데, 광활한 영토가 일본의 식민지로 전락하고 말았다. 중국의 국토와 인민은 유례없는 전쟁의 고통에 시달렸고, 참혹한 약탈과 모욕을 감수해야 했다.

배경설명

1840년 아편 전쟁이 시작되면서부터 중국 인민은 끊임없는 전쟁과 침략의 수난 속에 살아왔다. 중국은 군벌들의 내전과 외부 침략자의 수탈에 반식민지 사회로 전락해 갔고, 이러한 상황은 1949년 중화인민공화국이 건립되면서 종료되었다.

(1) 아편 전쟁

① 후먼에서 아편을 소각하다

제1차 아편 전쟁은 1840~1842년에 진행되었다. 영국 제국주의

63. 청나라 말기 아편 중독자 (출처: http://www.shjdg.org/library/detail.asp?id=303)

자들은 인도에서 생산한 아편을 대량으로 중국에 판매했는데 이는 경제적으로 중국의 백은이 외부로 흘러 나갔을 뿐만 아니라 사회적으로도 국민들의 건강에 해로운 결과를 가져왔다. 1839년 황제의 명을 받은 임칙서는 광둥성에 내려와 후먼虎門에서 공개적으로 아편을 소각했다.

배경설명

임칙서林則徐(1785-1850), 푸젠성 출신. 청나라 말기 정치가이자 사상가이며 시인이다. 호광총독, 섬감총독, 운귀총독을 지냈고 두 차례 흠차대신의 역할을 맡았다. 아편을 금지할 것을 강력하게 주장했고, 서방 열강의 침략에 강경한 입장을 보였다. 중국인들의 민족 영웅이다.

64. 임칙서 초상화 (출처: http://baike.baidu.com/subview/7659/4947309.htm)

65. 후먼에서 아편을 소각하다 (출처: http://a4.att.hudong.com/02/77/01300000176284121821775499870.jpg)

② 제1차 아편 전쟁

후먼에서 아편을 소각했던 사건은 영국이 전쟁을 일으키는 구실이 되었다. 영국 침략군은 우선 딩하이定海, 진해鎮海, 닝보寧波, 상하이上海 등 남방의 연안 도시를 포격하고 점령한 이후 난징南京 내수까지 군함이 나타나기도 했다. 영국 군함은 북으로 진격해 텐진天津과 탕구塘沽 부근의 바다까지 진출했으

66. 제1차 아편 전쟁 형세도 (출처: http://military.china.com/zh_cn/history2/06/11027560/20050330/12206169_1.html)

67. 제1차 아편 전쟁(위) 1841년 1월 7일, 영군이 후먼을 공격하고 있다. 영국 군함 NEMESIS호가 청나라 수군과 포격전을 벌이고 있다. 영국의 종군 화가가 그린 그림(출처: http://mimilitary.china.com/zh_cn/history2/06/11027560/20050330/12206169.html)

68. 1842년 7월 21일 영군이 전장鎮江을 공격하고 있다. 영국의 종군 화가가 그린 그림(아래) (출처: http://military.china.com/zh_cn/history2/06/11027560/20050330/12206169_1.html)

며, 경기 지역이 직접 위협에 노출되었다. 청나라 황실은 영국이 제기한 모든 조건을 받아들이고, 중국 근대 역사상 첫 번째 불평등 조약인 〈남경 조약南京條約〉을 체결했다.

③ 제2차 아편 전쟁

제2차 아편 전쟁은 1856~1860년에 벌어졌다. 1856년 영국과 프랑스는 중국의 태평천국 운동의 혼란을 틈타 침략 전쟁을 발동했다. 제2차 아편 전쟁의 결과 중국은 〈천진조약天津條約〉과 〈북경조약北京條約〉 및 러시아와 〈애훈조약愛琿條約〉 등 불평등 조약을 체결했다.

69. 1858년 5월과 1859년 6월 25일, 영국-프랑스 연합군은 텐진天津과 탕구塘沽의 포구를 공격했다.
(출처: http://www.shjdg.org.library/detail.asp?id=303)

(2) 원명원

1860년 영국-프랑스 연합군이 북경의 원명원圓明園에 침입했다. 150년 동안 청나라 황실의 유원지로 사용되었던 호화로운 화원은 약탈을 당했고 불길과 함께 잿더미가 되어 버렸다.

70. 영국-프랑스 연합군이 원명원을 수탈해 가는 장면(위) (출처: http://123/13.237.80:84/0525/date/2/zdsj/HSYMY/HSYMY.htm)

71. 원명원의 그림과 현재의 비교 - 방호 성경方壺勝境(가운데) (출처: http://news.xinhuanet.com/fortune/ 2010-10/19/c_12675445_10.htm)

72. 원명원의 그림과 현재의 비교 - 벽동 서원碧桐書院(아래) (출처: http://news.xinhuanet.com/fortune/2010-10/19/c_12675445_11.htm)

73. 원명원의 대수법大水法(위) (출처: http://zx.findart.com.cn/8965314-zx.html)

74. 파손된 대수법 유적지(가운데) (출처: http://news.qq.com/zt2010/ymy150zn/)

75. 원명원의 폐허(아래) (출처: http://bj.sina.com.cn/t/2007-06-20/1016142873.shtml)

서방 열강은 중국과 불평등 조약을 체결하고 정치, 경제적으로 수많은 특권을 강탈하였기에 중국의 정치 경제 주권은 엄중한 파괴를 받았다. 이런 불평등 조약에 근거해 열강은 중국에서 군대를 주둔시킬 수 있는 권리와 영사 재판권을 취득했다. 뿐만 아니라 제국주의자들은 중국의 지역에 따라 자신의 세력 범위를 확정하여 사실상 분할 통치하는 국면으로 나갔다. 열강의 암묵적인 조율에 따라 영국은 장강 중하류 지역, 프랑스는 윈난云南과 광둥廣東, 광시廣西, 독일은 산둥山東, 일본은 푸젠福建성을 자신의 세력범위로 경영했다. 러시아는 원래 동북 지역을 세력 범위로 인정받았지만, 1905년 러일전쟁에서 패전하면서 동북의 남부 지역을 일본에 양보해야 했다.

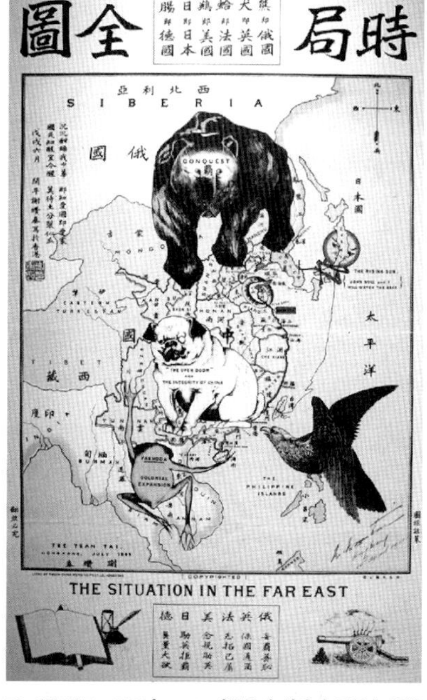

76. 시국 전도　1898년(무술년) 제국주의 열강이 중국을 분할 점령한 만화. 곰은 러시아를 상징하고, 화북 지역을 점령하고 있다. 중부 지역은 영국을 상징하는 불독이 점령하고 있고, 화남은 프랑스를 상징하는 개구리가 점령했다. 동남 연해는 미국의 독수리가 날아다니고, 동북 지역은 '인간의 얼굴을 하고 있는 오징어'가 일본을 대표하고 있다. 산둥 지역은 '거대한 위胃'로 상징되는 독일이 점령하고 있다.(출처: http://kehong1305.blog.163.com/blog/static/20060911742013761019525 27/)

불평등 조약에 근거해 열강은 중국의 모든 항구와 통상구에 대

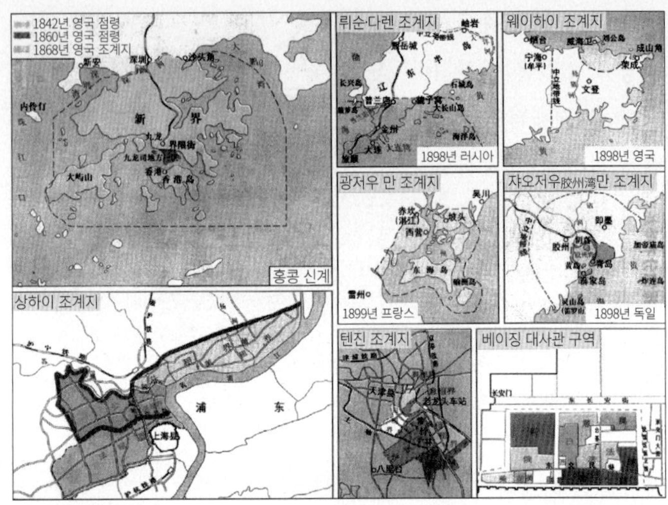

77. 통상구와 조차지 형세도 (출처: http://61.189.240.78/res/seniorhistory/map/one/j_fei_003/16_JPG.jpg)

해 직접 식민지 통치를 실시했다. 이는 밖에서 온 손님이 주인 행세를 하는 판국이었다. 중국의 해관과 대외 무역이 열강의 통제를 받았고 해상, 육상, 공중의 교통수단 역시 외국인들이 경영했다. 심지어 장강 등 내수에서의 항해권도 외국인이 독점했다. 교통수단에 대한 통제는 열강이 중국의 광활한 시장에서 상품을 운송하고 자원을 수탈하는 데 유리한 조건을 제공했다. 이외에도 열강은 농업 생산을 완전히 통제함으로써 염가의 원자료와 소비품을 보장받을 수 있게 되었다.

불평등 조약에 근거해 열강은 광산 개발권과 철도 부설권 및 관리권을 강탈했고 공장과 광산, 기업을 독점 경영하면서 경제적으로 중국에 대한 수탈을 감행했다. 이는 중국의 민족 공업의 발전에 거대한 압력으로 작용했다.

특히 열강은 중국의 금융과 재정을 통제하고 있었기 때문에 각박한 조건으로 대출을 주면서 정부를 압박할 수 있었다. 또한 중국에서 은행을 개설할 수 있었고, 금융과 재정을 수단으로 하여 중국 정부와 사회를 통제할 수 있었다.

78. 상하이 홍커우虹口 지역 - 미국의 조차지
(출처: http://kehong1305.blog.163.com/blog/static/206091174201376101952527/)

열강은 여러 가지 수단으로 중국의 경제와 사회를 직접 통제했고 매판 자본 계급을 양성하여 자신들의 대리인으로 활동하게 했다. 뿐만 아니라 매판 자본 계급을 통해 도시에서는 경제적 이득을 수탈했고, 농촌에서는 봉건 세력과 결탁하여 간접적인 통치를 유지했다.

열강은 중국과의 대외 경제 교류 과정에서 정치와 군사적인 면에서, 또한 경제와 기술적인 면에서 절대적 우위를 차지하여 중국으로 하여금 불평등한 계약 조건을 받아들일 수밖에 없도록 만들었다. 중국은 불평등 교환이 장기적으로 유지되면서 대량의 재부가 외국으로 흘러 나가게 되었고, 중국인들은 더욱 가난하게 되었다. 이런 상황을 타개하기 위해 청나라 정부는 할 수 없이 외국에 차관을 빌리게 되었고, 이는 또한 열강의 영향력을 더욱 높이게

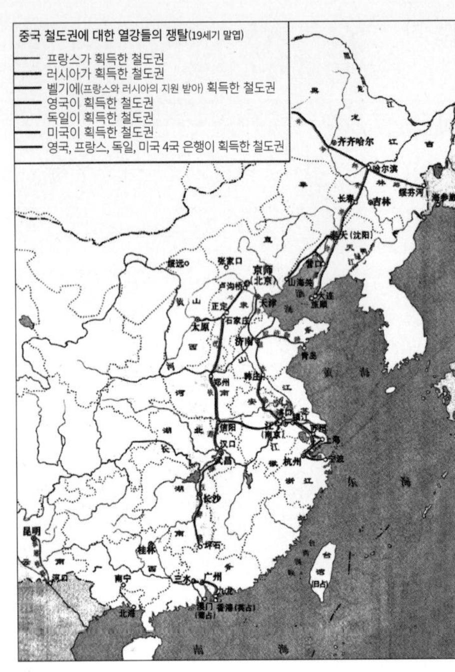

79. 중국의 철도권에 대한 열강의 쟁탈전
(출처: http://61.189.240.78/res/ seniorhistory/map/one/j_fei_003/13_JPG.jpg)

만들었다. 이처럼 근대 중국의 대외 경제 교류는 악순환의 고리에서 벗어나지 못한 채 열강의 통제와 약탈을 받아야만 했다.

2) 반식민지 반봉건 사회 중국의 대외 경제 교류의 법리적 함의

반식민지 반봉건 사회 중국의 국민 경제 명맥은 완전히 식민주의자와 제국주의 열강 및 그들의 대리인에게 장악되었다. 중국은 정치, 경제 주권이 심각하게 손상된 상황에서 대외 경제 교류를 정상적으로 진행하기 어려웠다. 국제 무역, 투자, 금융, 세수 등 모든 영역은 물론 국제 생산, 교환, 분배 등 모든 경제적 고리에서 두 가지 장애물을 마주해야 했다. 첫째는 독립적인 자주권을 상실했다는 점이다. 중국은 대외 경제 교류에서 수동적이고 예속적인 지위에 처해 있었고 열강의 통제와 명령에 따라야 했다. 둘째, 중국은 지위가 낮았고 상품 역시 저가 취급을 당했다. 불평등한 지위에서 출발한 대외 교류는 애초에 평등한 교환을 바랄 수 없는 상황이었다.

서로 연결되고 상호 영향을 주고받는 이 두 장애물은 당시 국제 사회의 보편적인 논리를 잘 보여주고 있다. 그는 바로 약육강식과 법리로 위장된 서방 열강의 문명이라는 허울이었다. 열강들은 약육강식의 원칙을 문명국가의 정당한 행위와 준칙으로 이해했을 뿐만 아니라 힘에 근거한 불평등 조약을 체결하여 법률의 형식으로 국제 사회에서 통용되는 합법적 지위를 획득했다.

중국 민주 혁명의 선구자인 손중산孫中山 선생은 일생 동안 청 왕조의 봉건 통치를 무너뜨리고 민주 공화를 건립하는 데 이바지했다. 특히 열강의 침략에서 중국을 구하고 불평등 조약을 폐기하는 데 큰 공헌을 했다. 그는 1904년에 문장을 발표해 열강이 중국에 뒤집어씌운 '황화론'을 반격했다. 중국인이 자주독립과 평등한 지위를 회복한다면 '황화'가 '황복黃福'으로 될 수 있으며 전 세계에 복지와 번영을 안겨준다는 취지였다.

> 장기간 성행했던 터무니없는 논조가 여전히 그럴듯한 논리로 그 명맥을 유지하고 있다. 중국은 방대한 인구와 풍부한 자원을 보유하고 있기 때문에 일단 각성하여 서방의 사상과 기술을 습득하면 전 세계를 위협할 수 있는 존재로 부상한다는 것이다. 때문에 외국이 중국

을 도와 개화와 진보를 이룬다면 반대로 이들 국가들에 위협을 초래하게 된다. 따라서 외국의 가장 합당한 선택은 최대한 중국을 압제하고 방해하는 것이다. 한 마디로 정리하면 이것이 바로 '황화론'이다. 그러나 이러한 논조는 그 어떤 측면으로 관찰해도 어불성설이다. 도덕적으로 보면 한 국가가 다른 국가의 패망과 소멸을 바라는 것이 과연 합당한가? 도덕을 차치하고 정치적으로 분석해도 황당하다. 중국인의 본성은 근면하고 평화롭고 법을 잘 지키는 민족이다. 절대로 침략을 좋아하는 성품이 아니기 때문에 만약 역사상 전쟁이 있었다면 그것은 자위를 위한 것일 뿐이다. … 중국이 만약 자주와 독립을 이룰 수 있다면 세계에서 제일 평화를 사랑하는 민족이라는 것을 증명할 수 있다. 경제적인 측면에서 보면 중국의 각성과 개명한 정부의 건립은 중국인들에게 유리할 뿐만 아니라 전 세계에도 좋은 점이 있다. 중국이 개방적인 대외 무역을 실시하고 철도를 부설하며 천연자원을 개발하게 되면 인민들의 생활이 부유해지고 외국 상품에 대한 수요도 증가하게 된다. 이는 국제 무역의 백배 증가로 이어져 외국에도 유리하다. 이것이 과연 해로운 것인가? 국가들 사이의 관계는 마치 개개인의 사람들 관계와 비슷하다. 가난하고 우매한 이웃이 좋은가, 아니면 부유하고 총명한 이웃이 더 좋은가? 우리는 아주 긍정적으로 이야기할 수 있다. '황화'가 언젠가는 '황복'으로 변할 것이다.

아쉬운 점은 역사의 한계와 국내외 반동 세력의 방해를 받아 손중산 선생의 아름다운 소망이 실현되지 못했다는 것이다.

이런 불평등한 상황은 아편 전쟁 이후 100년 동안 유지되었고, 중국 인민들의 끊임없는 항쟁의 결과 사회주의 공화국이 건립되어서야 종료되었다. 하지만 이 굴욕적인 역사는 지나간 지 오래되지도 않아 중국인들의 뇌리 속에 생생히 박혀 있다. 현재 중국이 대외 경제 교류에서 자주독립과 호혜평등을 강조하는 이유도 역사에 대한 심각한 반성과 과학적인 분석에서 얻은 결과이다. 중국이 제3세계 국가들과 함께 현존하는 국제 경제 질서의 재편을 요구하면서 기존의 약육강식의 법리적 원칙을 반대하고 평등하고 호혜적인 새로운 법리적 원칙을 수립할 것을 요구하고 있는데, 그 목적은 바로 전 세계적 범위에서 역사가 남긴 아픈 경험을 지워버리기 위해서이다.

4. 사회주의 신중국의 대외 경제 교류 및 법리적 원칙

중국 해방 전쟁의 승리와 중화인민공화국의 건립은 중국으로 하여금 제국주의와 그 대리인들이 통치하는 상황으로부터 벗어나게 했으며 반식민지의 굴욕적인 신분에서 탈출할 수 있게 했다. 중국은 정치적으로 완전히 독립된 사회주의 국가로 새롭게 태어났다. 이는 경제적으로 완전히 독립된 지위와 대외 경제 교류 측면에서 자주적인 지위를 획득하기 위한 전제 조건을 마련했다.

1) 자주독립 정신과 호혜평등 원칙

중국인들은 역사를 통해 경제의 독립적인 지위가 보장되지 않으면 대외 경제 교류의 독립 더 나아가 이미 확보한 정치적 지위도 보존하기 어렵다는 사실을 잘 알고 있었다. 따라서 건국 초기 가장 시급히 해결해야 할 문제는 제국주의와 국민 경제에 대한 그 대리인들의 통제권과 독점권을 철저히 박탈하는 것이었다.

중국 정부는 제국주의 열강이 불평등 조약에 근거해 수탈해 간 여러 가지 특권을 회수했고, 특히 세관 관리권을 다시 찾아오면서 자주 독립적인 세관을 운영할 수 있었다. 또한 제국주의와 그 대리인들이었던 관료 매판 자산 계급의 거두들이 독점으로 경영하고 있던 수출입 기업을 국가 소유로 변경시켰다. 대신 국가가 수출입 무역에 대해 전면적인 통제와 관리를 실시했다. 민족 자산 계급이 경영하고 있던 기업에 대한 조치는 훨씬 완화된 수준이었다. 이들의 기업은 성격에 따라 국가가 이용할 것은 이용하고 일부는 제한을 두거나 개조를 거친 이후 다시 경영할 수 있도록 조치했다. 금융 및 재정과 같이 국가의 경제 명맥과 직접 연관되는 영역에서는 제국주의의 영향력을 철저히 배제시켜 버렸다. 이와 동시에 국내 생산 영역에서는 국가가 주도하는 사회주의 국유 경제를 건립하기 시작했다. 이런 조치들이 점차 자리를 잡아가면서 중국의 대외 경제 교류 역시 제국주의 세력에 의존했던 역사를 뒤로 하고 완전히 독립된 자주의 길을 걸을 수 있었다.

사회주의 중국은 대외 교류 과정에서 항상 호혜평등의 원칙을 준수했고, 적극적으로 국제 경제 협력을 추진하면서 상대 국가의 이익을 존중하고 외국 상인들의 합법적인 권리를 보호했다. 이와 동시에 대외 경제 교류는 사회주의 중국의 경제 건설에도 적극적인 역할을 했다.

사회주의 중국의 대외 경제 교류의 가장 기본적인 법리적 원칙과 행위 규범은 바로 자주독립과 호혜평등이었다. 중국 대외 경제 교류의 기반을 형성하고 있는 이 두 가지 원칙은 건국 초기 시행했던 〈중국 인민정치협상회의 공동강령〉에 명시되어 있다. 이런 내용은 1982년 제정된 헌법에서도 다시 한번 강조되었다. 중국이 반식민지로 전락하기 이전 봉건 왕조 시절에 추진했던 대외 경제 교류 역시 자주적이고 자원에 의한 호혜평등의 원칙을 지켰지만, 이는 단지 자발적이고 원시적인 전통적 관습에 따른 행위였을 뿐이었다. 반면에 중화인민공화국이 건립된 이후 대외 경제 교류 과정에서 자주독립과 호혜평등의 원칙을 명시한 것은 더 성숙된 단계에 진입했다는 것을 보여준다. 이런 전통은 고대 중국 사회의 훌륭한 전통을 계승한 측면도 있지만 더욱 중요한 것은 국가의 법률로 행위 규범을 규정했다는 현대 사회의 법치주의 측면이 더 강조되고 있다.

2) 쇄국 정책의 종료와 대외 개방의 시작

대외 경제 교류에서 항상 자주독립과 호혜평등의 원칙을 고수한다는 것은 결코 쉬운 일이 아니었다. 중화인민공화국 건립 이후 중국은 대외 경제 교류 과정에서 수많은 방해와 악의적인 공격을 받았다.

사회주의 중국의 탄생을 극단적으로 적대시했던 미국은 서방의 동맹 국가들과 함께 20여 년 동안 경제제재와 금수조치를 감행했다. 1949년 11월 미국의 선도로 10여 개의 자본주의 선진국들은 〈대 공산권 수출 통제 위원회Coordinating Committee for Export to Communist Countries〉를 설립하고 사회주의 국가에 대한 수출과 무역을 엄격히 제한했다. 조직 산하에 설립된 '중국 위원회'는 중국에 대한 금수조치를 집행하는 특별 기구였다. 이들은 〈중국 금수 조치 리스트〉를 작성했는데, 여기에는 거의 모든 공산품이 포함되었다. 1969년 이후 닉슨 대통령은 중국에 대한 금수조치를 완화한다고 몇 번이나 발표했지만 1994년 3월까지 위원회는 여전히 작동하고 있었다. 이후 위원회는 해산되었지만 장기간 중국에 대한 악의적인 조치에 따른 영향은 현재까지도 완전히 소멸되지 않은 상태이다.

1950~60년대 초반까지 미국을 비롯한 서방 세계가 경제 제재를 실시하고 있었던 관계로 중국의 대외 경제 교류 대상은 주요하게 소련과 동구 사회주의권 국가들이었다. 그러나 1950년대 후반부터 중소 관계에도 파열음이 발생하기 시작했다. 소련은 강대국의 쇼비니즘 경향을 보임과 동시에 민족주의 성향도 강하게 내비쳤다. 그리고 "사회주의 국가의 국제적 분업"이라는 명의를 빌어 중국이 자주적인 경제 발전의 길로 나가는 걸 저지했고, 자국의 원료 공급지와 잉여 생산품의 소비 시장으로 묶어 두려고 했다. 1960년부터 소련 지도자는 중소 양당 사이의 이데올로기 분열을 국가 차원까지 상승시켰다. 따라서 정치, 경제, 군사적으로 거대한 압력을 가함으로써 중국이 굴복하길 바랐다. 가장 대표적인 사례는 중국에서 전문가를 철수해 버린 사건이다. 1960년 7월 소련 정부는 갑자기 중국에 파견되어 복구 건설을 돕고 있던 소련 전문가 1390명을 1개월 내에 전부 철수시킨다는 결정을 내린다. 소련의 일방적인 결정으로 인해 343개의 전문가 협의서가 폐기되었고, 257개의 과학 기술 협력 프로젝트가 중단되었다. 동시에 국제 무역에서 중국에 대한 제한과 차별 조치를 취했다. 중국은 갑자기

발생한 일방적인 조치에 반응할 능력이나 시간이 전혀 없었다. 새롭게 탄생한 중국의 대외 경제 교류와 협력은 또 다시 심각하게 훼손당하고 말았다. 중소 관계의 악화는 중국의 사회주의 경제 건설에 큰 혼란과 중대한 손실을 남겼고 그 여파는 장기간 유지되었다.

반식민지 시대 장기간 지속되었던 굴욕적인 역사와 1950년대 미국 등 제국주의 국가들의 경제 제재, 그리고 1960년대 소련의 패권주의 만행이 저지른 일방적인 배신 등 고난을 겪었던 중국은 자주독립과 자력을 통한 생존 및 부강을 위한 노력을 더욱 중요하게 인식하게 되었다. 역사는 중국인들에게 혁명과 건설의 기본 조건은 바로 본인의 힘에 의존해야 한다는 사실을 깨우쳐 주고 있었다. 특히 중국처럼 규모가 방대한 국가는 외부의 지원보다는 자신의 힘에 바탕을 둔 생존과 발전 전략만이 가능하다. 물론 중국은 아직 교육과 문화 측면에서 상당히 낙후한 수준을 유지하고 있으며 이를 개선하기 위해서는 선진국들의 유익한 경험을 도입할 필요가 있다. 그러나 대외 경제 교류 과정에서 어떤 강대국이나 선진국에 비굴하게 아첨하는 일은 없어야 할 것이며 반드시 민족 자존심과 자신감을 가져야 한다.

하지만 한쪽으로 너무 치우친 사회적 분위기는 또 다른 위기를 조성하는 결과를 가져왔다. 중국은 일부 급진적인 사상이 지배했던 특정 시기에 자주독립과 자력갱생 등의 개념에 대해 너무 극단적인 선택을 하는 잘못을 범하고 말았다. 중국은 2천여 년 동안 봉건 사회를 경험했고 자급자족의 경제 행태가 장기간 주도적 지위를 차지했다. 따라서 전통적인 습관과 관념의 영향이 사회주의 경제 건설 과정에서 극단적인 표현으로 나타나게 되었다.

중화인민공화국 건립 초기에 취득한 경제적 성과는 일부 지도자들에게 교만과 서둘러 목적을 달성하려는 조급함으로 나타났다. 그리고 공산당 내부에 존재했던 '좌편향' 사상은 객관적인 경제 법칙을 무시하고 인간의 주관적 능동성만을 강조하는 착오를 범하게 만들었다. 이런 사상이 주도하는 분위기에서 중국은 외국 자본을 이용하거나 국제 시장에 진출하는 것을 불필요하다고 생각했고, 국제 분업에 참가하기를 거절했다. 그 이유는 사회주의 계획 경제는 외부와의 소통 없이도 자기 의지대로 발전할 수 있다고 믿고 있었기 때문이다. 따라서 자주독립과 자력갱생의 개념만 강조하면서 대외 경제 교류와 국제사회의 지원 등을 의식적으로 회피했고 심지어 배척까지 했다. 이처럼 우매한 결정을 내리게 된 것은 반식민지 시절의 아픈 기억과 건국 이후 제국주의와 패권주의 국가들의 통제에서 벗어나려는 반발이 지나치게 작동했기 때문이기도 하다. 대외 경제 교류에서 겪었던 어두운 기억은 외부 세계에 대한 지나친 경계심과 의심으로 나타났고, 이는 자연스럽게 맹목적인 외세 배척과 폐쇄적인 분위기를 조성하게 되었다.

특히 문화 대혁명(1966~1976)의 10년은 극단적인 사상이 기승을 부리던 시기로 정당하고 필요한 교류마저 단절되었다. 중국은 외국의 선진 경험과 기술을 학습할 기회를 상실했고 대외 경제 교류 역시 침체 상태에 처하고 말았다. 외국과의 교류는 일방적으로 매국주의와 '외국 숭배', '외국 추종 사상'으로 매도 당하는 상황이었다. 그 결과 중국은 소중한 10년을 낭비하게 되었고 선진국들과 차이가 점점 더 벌어지게 되었다.

1978년 12월에 열린 중국 공산당 제11기 3차 대회는 문화대혁명의 과오를 청산하고 '좌경 사상'의 착오를 시정하는 계기가 되었다. 중국은 당과 국가의 주요 임무가 사회주의 현대화 건설이라는 전략적 판단을 내리게 된다. 전체 당원과 정부 기구는 이 결정을 엄숙하게 받아들여야 했고 전면적으로 시행해야 했다. 이 전략적 결정은 중화인민공화국 건립 이후 국가 발전 과정에서 가장 중요한 역사적 전환점이 되었다. 특히 개혁 개방이라는 기본적인 정책을 추진함으로써 중국의 대외 경제 교류는 새로운 시기에 진입하게 되었다.

1993년, 개혁 개방의 15년 경험을 총결 정리한 상태에서 중국은 헌법에 "국가는 사회주의 시장 경제를 실행한다."라는 조항을 추가했다. 같은 해 열린 중국 공산당 제14기 3차 대회에서는 사회주의 시장 경제 체제의 건립에 관한 지도 원칙을 발표했다. 이는 중국의 개혁 개방이 더 강력하고 높은 수준에서 추진될 것이라는 의미이고, 대외 경제 교류 역시 더 확대될 것임을 보여주었다.

중국의 발전은 세계와 분리된 상태에서 이루어질 수 없고 폐쇄된 환경에서 경제 건설은 불가능한 일이다. 대외 개방 정책은 현 시대의 특징과 세계 경제 기술 발전의 법칙에 부합하는 정확한 선택이었으며 중국의 현대화 건설에 필수적인 조치였다. 때문에 중국은 개혁 개방을 기본적인 국가 정책으로 장기간 유지할 것이다. 중국은 자주독립과 자력갱생이라는 기본적인 정신을 포기하지 않는 상태에서 외국의 자본과 선진 기술, 관리 방법을 대담하게 도입할 것이며, 외부 세계와의 적극적인 소통과 교류를 통해 새로운 성과를 창출해 낼 것이다. 외국 자본과 국내 자원을 적절하게 조합하고 국내 시장과 국제 시장을 충분히 활용하여 대외 개방과 국내 개혁을 함께 추진한다면 중국 특색의 사회주의 현대화 건설에 강력한 추진력을 제공할 수 있다. 그러나 대외 개방의 과정에서 반드시 국가의 주권과 경제 사회의 안정을 유지하고 국제 사회로부터 발생하는 리스크와 불안 요소를 경계해야 할 것이다. 이상의 인식에 근거하여 중국 지도부는 더 적극적인 자세로 세계와 소통하고 대외 개방의 수단과 방식을 다양화하며 수준을 부단히 높여 다각도, 다차원의 영역에서 대외 개방을 추진할 것을 결정했다.

3) 평화적 굴기와 중화의 부흥

2000년대 이후 국제 형세는 여전히 심각하고 복잡한 변화 중에 있다. 다극화와 글로벌화 추세가 굴곡적으로 발전하는 과정에서 과학기술의 진보는 더 빠르게 이루어지고 있고, 발전의 기회와 엄중한 도전이 공존하는 복잡한 세상이 펼쳐지고 있다. 비록 국제사회는 아직도 모순과 충돌이 존재하고 불안정한 요소가 증가하고 있지만 평화와 발전이라는 대주제는 변함이 없으며 국가들 사이의 협력은 막을 수 없는 역사의 흐름으로 작동하고 있다.

중국은 개혁 개방 이후 30년 동안 사회주의 시장 경제 체제를 기본적으로 건립하고 개방형 경제를 형성했다. 이를 기반으로 사회 생산력과 종합 국력이 부단히 증가하고 사회 발전 수준이 높아져 인민들의 생활 수준 역시 배불리 먹고 따뜻하게 입는 〈온포 사회溫飽社會〉로부터 대부분 국민이 편안하고 풍족한 삶을 즐길 수 있는 〈소강 사회小康社會〉로의 질적 변화를 완성했다. 지난 세월을 정리하고 미래를 전망하면서 중국인들은 현재 타당한 자신감과 자호감을 나타내고 있으며, 세계를 향해 "지금의 중국은 바로 개혁 개방과 평화적 굴기를 진행 중인 대국"이라고 선언하고 있다.

중국은 현재 평화적 굴기崛起를 새로운 시기의 전략으로 규정하고 있으며 대외 개방과 경제 체제 개혁을 추진하고 있다. 2011~2015년 사이 중국은 경제와 사회 영역에서 중대한 변혁을 추구할 것이다. 개혁 개방의 수준과 강도를 더 높여 경제 발전 방식을 조정하는 데 추진력을 제공한다. 대외 개방 전략은 호혜적이고 윈윈win-win을 이룰 수 있는 원칙을 중시하고, 세계 경제 거버넌스와 지역 협력에 적극적으로 참여한다. 개혁개방이라는 수단을 이용해 발전과 개혁, 창의성을 자극하고 국제 경제 협력과 경쟁에 있어 우세를 확보해야 한다. 그리고 평화와 발전, 협력의 정신을 기반으로 자주독립과 평화 외교 정책을 시행하고 국제 협력에 적극적으로 참여하는 과정에서 주권과 안보, 경제 발전의 이익을 확보한다. 중국의 최종 목표는 세계 여러 나라들과 협력하여 지속적으로 평화와 공동 번영이 가능한 〈조화로운 세계和諧世界〉를 건설하는 것이다.

2012년 11월 중국 공산당은 세계의 이목이 집중된 가운데 제18차 대회를 소집했다. 회의에서는 1921년 공산당 창립 이후 그리고 1949년 건국 이후의 경험을 한데 모아 다음과 같은 결론을 내렸다. "중국 특색의 사회주의 노선, 중국 특색의 사회주의 이론 체계, 중국 특색의 사회주의 제도는 당과 인민이 90여 년 동안 분투하고 창조하여 누적한 성과이다. 반드시 귀중한 경험으로 받들고 한층 더 발전시키며 장기간 유지해야 한다." 18차 당 대회에서는 시진핑習近平을 주석으로 하는 새로운 지도부를 선출했다. 시진핑 주석은 최근 국가박물관에서 주최하는 '부흥의 길' 전람회를 참관하고 소감을 발표했다.

중화민족의 지난 역사는 그야말로 "웅장하고 험준한 절벽을 지나보지 않은 사람은 말할 자격이 없을 정도로雄關漫道眞如鐵" 험난했다. 근대 이후 중화민족이 겪었던 고난과 희생은 세계 역사에서 찾아보기 힘들 정도로 심각한 사례였다. 그러나 중국 인민은 굴복하지 않고 떨치고 일어나 항쟁에 참가했으며 결국 자신의 운명을 스스로 장악할 수 있었다. 위대한 국가를 건립하고 경제 건설에 뛰어들었으며 애국주의를 핵심으로 하는 위대한 민족정신을 수립했다. 중화민족의 현재는 "인류 사회의 발전 법칙이 곧 상전벽해人間正道是滄桑"라는 사실을 잘 보여준다. 개혁 개방 이후 중국은 역사의 경험을 잘 정리하고 고단한 탐색의 과정을 거쳐 끝내 중화민족의 위대한 부흥을 실현할 수 있는 정확한 방법을 찾아냈고, 실제로 세계가 주목하는 성과를 거두었다. 이 정확한 길이 바로 중국 특색의 사회주의 노선이다. 중화민족의 미래는 "큰 바람과 파도를 이겨내고 꿈을 실현할 것이다.長風破浪會有時" 아편 전쟁 이후 170년 동안 중화민족은 끊임없이 분투했고 그 결과 위대한 부흥을 실현할 수 있는 밝은 미래를 앞두고 있다. 우리는 역사의 그 어느 시기보다 중화민족의 위대한 부흥이라는 목표와 더욱 가깝게 다가와 있고 더 큰 자신감과 실력을 갖추고 있다. "중화민족의 위대한 부흥을 실현하는 것이 바로 근대 이래 중화민족의 가장 위대한 꿈이다. 중국의 꿈은 선대 혁명가들의 갈망을 대표하고 중국 인민의 전체 이익을 대변하며 모든 중국인들 공통의 기대를 담고 있다. … 중화민족의 위대한 부흥이라는 역사적 임무를 완성하기 위해서는 중국인들의 세대에 걸친 끊임없는 노력이 필요하다. 그렇기 때문에 탁상공론은 나라를 망치고 착실하게 일해야만 나라를 부흥시킬 수 있다.空談誤國, 實幹興邦"

2013년 1월 시진핑 주석은 중요한 담화를 발표해 중국의 입장을 밝혔다. 중화민족의 위대한 부흥을 실현하기 위해 반드시 국내와 국제사회 두 환경을 잘 조화시켜야 하며 평화의 길을 조성하기 위한 물질적, 사회적 기반을 잘 마련해야 한다. 평화로운 국제환경이 조성되지 않으면 중국과 전체 세계의 발전도 보장받기 어렵게 된다. 동시에 경제의 발전이 보장되지 않으면 세계의 평화 역시 유지되기 어렵다. 중국은 전략적 기회를 잘 이용해 우선 자신의 일부터 잘 처리하고 국가를 부강하게, 인민의 생활을 풍족하게 만들며 강대해진 국력을 바탕으로 세계의 평화에 이바지해야 할 것이다.

그러나 중국이 평화발전의 노선을 채택한다고 해서 자신의 정당한 이익을 포기하거나 국가의 핵심이익을 희생시키는 우는 범하지 않을 것이다. 중국은 그 어떤 강대국의 압박에도 굴하지 않을 것이며 핵심이익을 거래의 교환품으로 협상의 탁자 위에 올려놓지 않을 것이다. 주권과 안보, 경제발전에 관한 핵심이익은 반드시 수호해야 할 대상이다. 중국이 평화발전의 노선을 선택했다면 다른 국가들도 평화롭고 우호적인 자세로 나와야 할 것이다. 모든 나라가 평화발전의 길을 선택한다면 국가들 사이에 평화롭게 지낼 수 있고 공동 발전을 이룰 수 있다. 한편 우리는 중국의 평화발전 입장을 적극적으로 주장함으로써 국제사회가 중국의 발전에 대해 정확한 인식을 가질 수 있도록 노력해야 한다. 중국의 발전은 절대 다른 국가의 희생을 강요하지 않을 것이며 다른 사람의 이익을 손해주며 자신이 이익을 챙기는 일은 하지 않을 것이다. 중국은 평화발전을 실천하고, 공동발전을 추진하고, 다자무역체제를 수호하며 세계 경제 거버넌스의 참여자로 국제사회에서 역할을 할 것이다.[35)]

중화민족의 위대한 부흥을 빠른 시일 내에 완성하여 중국의 사회주의 건설을 더 완벽한 수준으로 발전시킴으로써 그 성과를 이용하여 세계 경제의 번영에 공헌하는 것이 바로 역사가 현재의 중국에 부여한 위대한 사명이다.

5. 미국과 중국 - 반대 방향으로 달리고 있는 대국

이상의 논술에서 우리는 완전히 상반되고 충돌하는 두 가지 역사의 흐름을 읽을 수 있다. 중국은 장기적으로 평화적인 외교정책을 시행했던 반면 미국은 장기간 중국을 반대하는 정책을 유지했다.

1) 역사의 필연 - 중국의 평화적 외교정책

평화는 세계의 안보를 보장하는 정확한 선택이고 역사의 흐름에 부합한다. 따라서 중국은 역사적으로 장기간 평화로운 외교정책을 유지했다.

첫째, 수 천년의 인류역사에서 중국은 적극적으로 대외경제 교

35) 习近平,「更好统筹国内国际两个大局 夯实走和平发展道路的基础」.

류를 진행했던 우수한 전통을 유지하고 있다. 고대 중국의 대외경제 교류에 포함된 법리적 함의는 바로 자발적이고 소박한 자주독립과 호혜평등의 원칙이다. 이는 역사의 발전에 부합하는 정확한 선택이다.

중국이 이런 선택을 할 수 있었던 원인은 수 천년 동안 유교 사상이 사회의 주류의식을 차지했기 때문이었다. 유교의 중요한 사상으로 "사해 이내에는 모두 형제四海之內皆兄弟", "예의 역할은 화친을 조성하는 것禮之用, 和為貴", "자신이 원치 않는 것을 다른 사람에게 요구하지 마라己所不欲, 勿施於人" 등 가르침은 일반 중국인들이 모두 숙지하고 있는 일반 상식이었다. 이런 가르침은 중국인들의 기본적인 도덕관념과 행위준칙을 형성했고 대외경제 교류 과정에도 적용되었다. 실크로드가 무역의 길, 문화의 길, 평화의 길로 성장할 수 있었던 것도 중국이 장기간 시행했던 우호적인 교류의 원칙이 작용했기 때문이었다. 또한 명나라 시기 정화가 함대를 이끌고 7차례의 원정을 나갈 수 있었던 것도 중화의 문명과 선진기술을 다른 지역에 전파하고 타 지역과의 교류를 희망했던 평화로운 소망 때문이었다.[36]

다만 몽골 세력이 유럽을 침공했던 사실은 중원의 문화와 직접적인 연관이 없는 사실이다. 1219-1225년 사이에 징키스칸의 원정과 1235-1242년 바투가 진행했던 두 차례의 서정은 모두 사막 북부 지역에 거주하고 있던 몽골인 부락에 의한 전쟁이었다. 이는 1271년 쿠비라이 칸이 중원에서 원나라를 건립했던 시기와는 훨

---

36) 『中国的和平发展』白皮书, 第四节.

씬 이전에 발생한 사건이었다. 이후 중원에 입주한 몽골인들은 유교를 받아들이기 시작했고 백 여 년이 지난 후 점차 중화민족에 융합되었다. 따라서 그냥 두루뭉술하게 "중국의 원나라가 대군을 파견하여 유럽을 침공했다."는 식의 황화론은 역사 사실에 부합하지 않는 주장일 뿐이다.

그리고 원나라 이후 중국의 봉건사회는 쇄국정책과 해금정책을 실시했던 관계로 대외경제 교류가 단절되고 말았다. 그러나 평화를 사랑하고 대외교류를 중시했던 중국의 훌륭한 전통은 역사의 주요한 표현이었고 주류를 차지한다.

둘째, 아편전쟁 이후 백 여 년 동안 중국은 반식민지 반봉건 사회로 전락하면서 식민주의자와 제국주의자들의 침략과 약탈을 받았다. 중국의 대외경제 교류는 침략자들의 엄격한 통제를 받았고 자발적이고 소박한 법리적 원칙이었던 자주독립과 호혜평등은 철저히 유린되었다. 이를 대체한 것은 국가의 존엄을 무시하는 불평등 조약과 약육강식의 국제질서였다. 이 시기 중국은 의심할 나위 없이 약자와 피해자의 입장이었고 반대로 서구 열강들은 강자와 침략자의 위치에 서있었다.

셋째, 사회주의 중국이 건립된 후 중국은 다시 대외경제 교류를 진행했고 전통적인 자주독립과 호혜평등의 법리적 원칙을 시행할 수 있었다. 뿐만 아니라 역사의 훌륭한 전통을 계승 받은 기초에서 이를 더 성숙한 단계로 발전시켰다. 그러나 국내외 복잡한 요인들의 영향을 받아 중국의 발전은 험난한 가시밭길을 헤쳐 나가야 했다.

이 시기 중국은 미국과 소련이라는 두 초강대국의 압박과 위협에 노출되어 있었다. 중국은 여전히 약자의 신세였고 침략의 위협과 공포를 안고 살아야 했다. 당연히 미국 제국주의와 소련 패권주의는 침략자와 가해자의 입장이었다.

1978년 중국은 건국 이후 30년 간 국가발전의 길을 탐색한 결과 개혁개방이라는 정확한 방법을 찾아냈다. 따라서 중국은 역사 상 대외경제 교류의 우수한 전통을 계승할 수 있게 되었고 더 적극적으로 자주독립과 호혜평등의 법리적 원칙을 적용할 수 있었다.

중화민족의 부흥은 우수한 전통을 계승한 전제하에 부단히 새로운 시대의 선진적인 문화와 기술을 습득한 결과이다. 이 과정에서 평화로운 국제환경 역시 빼놓을 수 없는 중요한 요소였다. 이후 중국의 평화적 굴기는 여전히 자주독립과 호혜평등의 법리적 원칙을 준수하는 전제 하에 평화로운 국제환경에서 진행될 것이다. 이는 중국과 아시아 국가들 나아가 전 인류의 동일한 희망이고 누구나 받아들일 수 있는 간단한 정치상식이다.[37]

그러나 "나무는 조용히 있고 싶은데 바람이 허락하지 않는 상황樹欲靜而風不止"이 자주 나타나고 있다. 역사와 현실을 직시하면 중국이 장기간 평화적인 외교정책을 시행했다는 것은 분명한 사실이다. 그러나 미국은 특히 중국을 적대시했고 반대하는 정책을 유지했다. 이는 인류 역사의 발전 과정에 분명히 중국처럼 정확한 길을 가는 세력이 존재하는 반면에 미국처럼 반대 방향으로 나가는 세력이 있다는 것을 보여준다. 중국의 선택이 역사의 발전에 순응하고 추진하는 역할을 한다면 미국의 반 중국 정책은 역사의

37) 『中国的和平发展』白皮书, 第四节.

발전에 역행하고 퇴행시키는 역할을 하고 있다.

2) 절대 역사의 우연이 아닌 - 미국의 반중反中정책

(1) 역사는 가끔 후퇴할 때도 있다

인류의 역사 발전은 그 흐름이 호탕하여 따르는 자는 흥성할 것이고 거역하는 자는 패망할 것이다. 그러나 세계 역사의 흐름이 진보의 방향으로만 발전하는 것은 아닌 것 같다. 그 과정에 수 많은 장애물이 존재하고 역사는 때로는 후퇴할 수도 있다.

가장 전형적인 사례가 바로 미국 버전의 중국 위협론이다. 2차 대전 후 미국이 들고 나온 중국 위협론은 역사의 발전을 30년 이전으로 후퇴시켰다. 냉전 이데올로기의 창시자 격인 조지 캐넌은 1984년 발표한 저서에서 솔직하게 인정했다. 사고방식이 기괴한 일부 미국인들은 항상 미국과 대립하고 있는 외부세력을 찾아내려고 한다. 이런 악의 중심을 수립함으로써 모든 잘못을 전가하려는 생각이다. 이들은 항상 미국이 처한 안보위협을 과대 포장하는 동시에 외부의 군사적 위협을 강조한다. 이는 미국인들이 외부의 '가상의 적'에 대한 공포심과 적대감을 유지할 수 있도록 도와준다. 소련이 붕괴된 이후 미국은 아주 만족할 만한 대체자를 찾아냈다. 그것이 바로 새로운 '악의 중심' 중국이다. 중국의 부상과 미국과의 모순은 일반 미국인들의 공포심을 조장하기에 충분했고 국방부를 비롯한 군수업체의 욕망을 만족시킬 수 있었다. 따라서 미국에서는 형형색색의 황화론과 중국 위협론이 나타났다.

이미 언급했던 미국 국방부의 〈중국 군사위협론〉 이외에도 중국경제 위협론도 자주 등장하는 단어이다. 이외에도 중국 발전방식의 위협론, 중국 환경 위협론, 중국 이데올로기 위협론, 중국 기술 위협론, 중국 식량소비 위협론, 중국 식품수출 위협론, 중국 주식 위협론, 중국 이민 위협론, 중국 간첩 위협론, 중국 유학생 위협론 등등의 주장들이 난무하고 있는 상황이다. 일반 미국인들이 언론을 통해 접한 이런 내용들은 자연스럽게 현재의 모든 고통과 문제들이 중국으로 인해 발생했다는 착각을 가지게 한다. 세율이 너무 높은 것은 정부가 군사비를 증가해 중국의 군사위협에 대항하기 위한 조치이고, 기후 온난화의 문제는 중국이 공업생산을 증가하면서 생긴 결과이고, 실업률이 높은 것은 중국의 저가 생산품이 미국 시장을 점령해 국내 제조업이 타격을 받은 원인이고, 식품안전이 위협받는 것도 중국 상품 때문이고 반려견이 아픈 것도 중국산 사료를 먹였기 때문이라는 식이다.

1960년대 미국 국무원 동아시아태평양 담당 부차관보였던 번디William P.Bundy는 〈미국과 공산당 중국〉이라는 장편 연설을 통해 중국 위협론을 강조했다. "의심할 여지없이 공산당 중국은 미국 외교정책이 마주한 가장 엄중하고 골치 아픈 문제이다. 북경이 확립한 외교정책의 목표와 그것을 실현하는 전략은 모두 아시아의 전쟁과 평화와 직결되고 있다. 뿐만 아니라 아시아와 세계 수억 명 인구의 자유와 생명과 연결된 문제이다." 번디의 어조에는 분명히 미국이 '세계 경찰' 또는 '아시아의 구세주'와 같은 자부감이 묻어나고 있었다. "중국의 목표는 혁명의 수출을 통해 아시아를 정복하는 것이다. 반면에 미국의 목표는 아시아 국가들의 자유와 독립을 수호하고 이들의 경제발전을 돕는 것이다." 그런 이유로 미국은 "반드시 아시아와 세계에서 중국과 첨예하게 대립하는 이외에 다른 방법이 없다. 미국은 이런 책임을 자임하고 있고 부동의 자세로 공산당 중국과 대립해 나갈 것이다." 중국 〈인민일보〉는 번디의 주장에 대해 반격을 가했다.

> 아주 일반적인 상식을 가진 사람이라면 모두 이런 의문을 가지게 될 것이다. 중국은 태평양의 서해안에 있고 미국은 태평양의 반대 쪽에 위치하고 있어 물리적 거리가 만리가 더 넘는다. 미국의 영토에는 중국 군인이 한명이라도 주둔하지 않고 그 주변에도 미국의 안보를 위협할 만한 군사기지를 보유하고 있지 않다. 그렇다면 어떤 이유가 미국으로 하여금 '선택의 여지가 없이' 중국과 한바탕 싸울 수밖에 없게 하는가? … 번디가 캘리포니아의 대학교 강단에서 자기 주장에 열을 올릴 때 또 어떤 나라의 전투기가 베트남의 영토에 폭탄을 투하하고 있었는가? 어느 국가가 선진적인 현대화 무기를 동원해 베트남의 영토에서 대규모 침략 전쟁을 벌이고 있었는가? 베트남과 아시아 인민들의 피를 손에 가득 묻힌 미국 제국주의자들이 '아시아의 구세주'로 자임하는 것이 너무나 황당하지 않은가?[38)]

최근 공개된 사료에 의하면 린든 존슨Lyndon Baines Johnson 미국 대통령은 베트남 인민들의 항전을 압살하기 위해 롤링썬더 작전Operation Rolling Thunder을 시행했다. 베트남 민주공화국이 풍비박산이 났고 대량의 일반인이 폭격의 희생품이 되었다. 미국은 1965

38) 观察家,「驳邦迪」,『人民日报』, 1966.2.20, 第四版.

년 3월부터 1968년 11월까지 3년 8개월 동안 진행된 폭격에서 전투기 30만 4천 회, 전략 폭격기 2380회 출동 시켰고 10.77만 회의 폭격을 집행했으며 투하된 폭탄은 258만 톤에 달했다. 미국 공군은 153,784차례, 해군과 해병대는 152,399차례 전투기를 출격시켰다. 1967년 12월 31일 미국 국방부는 롤링썬더 작전에서 864,000톤의 폭탄을 투하했다고 밝혔다. 이는 한국전쟁의 전 기간 동안 투하했던 폭탄 량 653,000톤을 초과하는 숫자였고 태평양 전쟁에서 사용했던 503,000톤보다 더 많은 양이었다. 미국 중앙정보국의 추산에 따르면 1968년 1월 1일까지 전쟁 상황은 아래와 같다. 북베트남은 3.7억 달러의 손실을 보았고 매주 1,000명의 사상사자 발생했으며 전체 44개월의 전쟁에서 9만명의 사상자가 나왔는데 그중 7만 2천 명은 일반인이었다.[39)]

유감스러운 점은 번디의 중국 위협론과 같이 황당한 논리가 아직도 미국의 고위층과 학자, 언론에 의해 재생산되고 있다는 사실이다. 물론 이에 대응해 중국도 적절한 반격을 하고 있다. 다만 『인민일보』에 등장하는 피해 받은 국가가 1960년대의 베트남으로부터 현재는 이라크, 아프가니스탄, 파키스탄으로 바뀌었을 뿐이다. 이런 추세라면 미국은 여전히 중국 위협론을 이용해 아시아의 국가들을 유린할 것이며 그 피해자가 어떤 국가가 될 것인가는 누구도 예측할 수 없다.

비록 번디와 케난 등 이데올로기의 전사들은 이미 작고했지

39) 『滚雷行动』, http://zh.wikipedia.org/zh-tw/%E6%BB%9A%E9%9B%B7%E8%A1%8C%E5%8A%A8%

만 그들이 추진했던 냉전의 사고방식은 여전히 미국에서 생명력을 유지하고 있다. 2011년 8월 중국의 첫 번째 항공모함이 진수식을 진행하자 미국에서는 다시 중국 위협론이 수면 위로 떠올랐다. 그렇다면 중국 역시 미국에 아래와 같은 반문을 할 수 있다. 첫째, 미국은 현재 12대의 항공모함을 소유하고 있으며 이는 전 세계 항공모함의 절반 이상을 차지한다. 미국의 항공모함과 탑재기는 세계의 해양을 휘젓고 다니며 다른 나라의 영해와 영공에 침입해 무력시위를 한다. 반면에 중국은 백 여 년 동안 수많은 침략과 약탈을 당한 고난에서 벗어나 이제 막 국가부흥의 궤도에 올라서고 있다. 이런 과정에서 중국이 첫 번째 항공모함을 취항시킨 것이 과연 세계질서를 위협하는 것이란 말인가? 둘째, 중국은 국토가 광활하고 해안선이 길다. 이처럼 방대한 인구와 거대한 영토, 해안선을 수호하기 위해서는 항공모함을 포함한 현대화 무기로 자위를 진행할 권리가 있다. 이런 배타적인 자위권은 "왜 항공모함을 가져야 하는가?"하는 미국의 무례한 질문에 답할 필요를 느끼지 않는다.[40] 반대로 미국은 왜 12척의 항공모함을 유지해야 하는 이유를 전 세계에 설명한 적이 있는가? 셋째, 중국은 유엔 안보리 상임 이사국이고 전 세계의 안보와 안정에 책임감을 느끼고 있다. 그러나 5개 상임 이사국 중에서 중국은 유일하게 항공모함을 보유하지 못했던 국가였다. 따라서 중국이 최근에 항공모함을 보유한 국가로 되면서 미국의 세계 패권을 어느 정도 견제할 수 있는 힘을 갖추게 되었다. 이는 미국의 패권을 반대하고 세계의 평화와

40) 温宪,「偏执的'关切'」,『人民日报』, 2011.8.12, 第三版.

안정을 사랑하는 다른 국가들에게도 좋은 일이다.

미국은 반테러전쟁에서 단계적 성과를 거둔 이후 2012년 〈아시아 회귀 전략〉을 추진했다. 전략의 핵심은 권력 지상주의에 기반해 2020년까지 60% 정도의 미해군 전력을 태평양에 안배하는 것이었다.[41] 잠시 안정을 취했던 태평양 지역의 형세가 다시 요동치기 시작했다.

〈아시아 회귀 전략〉과 동시에 출범한 것이 바로 미국이 오랫동안 사용했던 중국 위협론의 부활이다. 이번에는 동남아 국가들을 동원하여 '베트남, 필리핀 버전'의 중국 위협론과 〈남중국해 위협론〉이 등장했다. 또한 일본을 부추겨 새로운 버전의 〈동해 위협론〉이 생겨나 중국을 압박하기 시작했다.

① 남중국해 버전의 중국 위협론

1975년 4월 남북통일을 완성한 베트남 정부는 남중국해 문제에 관해 이전과 다른 입장을 취했다. 통일 이전에는 서사군도Paracel와 남사군도Spratly에 대한 중국의 영유권을 인정했지만 통일 이후에는 성명을 발표해 황사군도(서사군도)와 장사군도(남사군도)는 베트남 영토의 일부분이라고 발표했다. 현재까지 베트남은 남중국해에 위치한 중국의 섬 29개를 불법 점령하고 있다.

1978년 6월 11일 마르코스Ferdinando E. Marcos 필리핀 대통령은 1596호 법령을 통해 중국의 남사군도에 위치한 33개의 섬, 암초,

41) 阮宗泽,「美国'亚太再平衡'战略前景分析」, http://theory.gmw.cn/2014-08/17/content_12584087_8.htm.

모래사장 등 64,976 평방 해리에 달하는 해역을 자기의 영토에 편입해 버렸다. 이 해역이 바로 현재 필리핀의 깔라야안Kalayaan 섬이다. 2009년 3월 필리핀은 새로운 영해 기준선 법안을 발표해 깔라야안 섬 근처에 있는 황옌다오黃巖島(필리핀 명 스카버러 암초)에 대한 주권을 선포했다. 〈유엔 해양법 협약〉에 근거해 깔라야안 섬과 황암도를 영해 내의 섬으로 간주하고 관리한다는 요지였다.

2011년 5월-7월 사이에 베트남과 필리핀은 선수를 치는 방식으로 국제 여론을 향해 중국이 남중국해에서 천연가스 탐사와 일상 순시 행위, 과학고찰 활동 등을 감행함으로써 자국의 주권을 침범했다고 고발했다.[42]

2011년 7월, 힐러리 클린턴 국무장관은 하노이에서 열린 아시안 외교장관 회의에서 동남아 국가들의 손을 들어줬다. 미국은 최근 남중국해에서 발생한 지역 질서를 위협할 수 있는 일련의 사건들에 대해 관심을 가지고 있다. 해양의 안보와 직결된 문제는 지역 형세를 긴장시키고 자유항해를 방해하며 합법적인 상업과 교역 및 경제발전에 리스크를 조성한다.[43] 이후 미국의 정계와 군부의 중요한 인물들이 등장해 힐러리의 기존 입장에 따라 비슷한 논조를 발표하기 시작했다.[44]

2012년 2월 8월, 미 태평양사령부 로버트 윌러드Robert Willard 사령관은 남중국해에서의 미군의 군사적 존재를 확실히 하고 항로

42) 中国外交部网站, http://www.fmprc.gov.cn/mfa_chn/fyrbt_602243/dhdw_602249/t826094.shtml

43) U. S. Secretary of State Hillary Clinton, 「Statement on South China Sea」, Hanoi, Vietnam, July 23, 2011.

44) Jen Psaki, Spokesperson, Daily Press Briefing, Washington, DC, January 9, 2014.

의 안전을 보장한다고 밝혔다.[45] 2013년 3월 6일, 미국 국방부는 『2013년도 항해 자유 보고서』를 발표했다. 주요한 내용은 미국은 국제법에 근거해 모든 국가들이 해양 및 공중 영역에서의 활동 권리를 보장한다는 것이었다. 동시에 중국의 해양에 관한 많은 주장들은 너무 과분하고 의문을 가질 수밖에 없는 내용들이라고 비난했다.[46]

2014년 7월 10일, 미국 참의원에서 발표한 『412호 결의서』는 온통 남중국해의 상황에 대한 분석과 조치로 구성되었다. 미국은 그 어떤 청구자any claimant가 고압적이고 위협적인 수단이나 군사적 권력으로 현재의 상황을 변경하려는 일방적인 시도에 대해 걱정하고 있다. 여기에는 아래와 같은 사실들이 포함된다. 중국이 다른 행위자들이 황옌다오에 접근하는 것을 제한하는 행위, 아융인Ayungin, 중국 명 仁愛礁, Second Thomas Shoal에서 필리핀의 장기적 존재에 대해 위협을 가하는 행위. 다른 나라의 배타적 경제수역EEZ과 대륙붕에 대해 국제법 근거가 없는 주장을 제기하는 행위, 다른 나라가 그 지역의 자연자원에 대한 주권을 행사하지 못하게 하는 행위. 남중국해에서 분쟁이 존재하는 지역을 자신의 행정, 군사 구역으로 선포하는 행위. 분쟁이 존재하는 해역에서 일방적인 어업법을 선포하는 행위 등. 미국은 이런 행위들이 지역질서에 긴장과 혼란을 조성하고 있다고 비난했다. 동시에 중국이 '해양석유 981호' 시추 플랫폼과 이를 수호하는 선박들을 철수시

45) 2012年2月29日, 外交部发言人洪磊举行例行记者会.

46) U. S. Department of Defense Freedom of Navigation Report for Fiscal Year 2013.

키고 남중국해의 원상을 복구할 것을 요구했다. 또한 중국정부가 동해에서 '방공 식별구역'을 일방적으로 선포하는 것도 중지할 것을 촉구하며 유사한 도발행위를 자제할 것을 통보했다.[47)]

사실 미국 참의원에서 상술한 결의안을 발표하기 30여 일 전이었던 2014년 6월 8일에 중국 외교부는 이미 역사사실과 국제법을 이용해 베트남과 미국의 주장에 대해 명확한 반박을 진행했다. 중국 '해양석유 981호' 시추 시설의 작업 반경은 서사군도와 영해 기준선에서 대략 17해리 떨어진 구역에 한정되어 있다. 상대적으로 베트남의 해안선과는 133-156해리 떨어져 있다. 따라서 그 어떤 원칙에 근거해도 해당 해역은 베트남의 배타적 경제수역이나 대륙붕이 될 수 없다.[48)]

2014년 8월 7일, 미국 국무원 대변인은 중국이 서사군도의 5개 암초에 등대를 설치하기 위한 측량 행위를 또 비난하고 나섰다. 영토 분쟁은 반드시 평화적인 외교방식을 통해 관리하고 해결해야 하며 국제법을 준수해야 한다는 것이었다. 이에 대해 중국 외교부 대변인이 즉각 반박 성명을 발표했다. 서사군도와 남사군도는 중국의 고유한 영토이다. 중국이 이 해역에서 등대를 설치하는 것은 통과하는 선박들의 안전을 보장하는 필요한 조치이다. 중국은 국제법에 근거해 공익활동에 종사하는 것임으로 그 어떤 비난을 받을 수 없다.[49)]

---

47) 113th Congress 2d Session S. Res. Senate Resolution 412.

48) 『"981"钻井平台作业：越南的挑衅和中国的立场』, http://www.fmprc.gov.cn/mfa_chn/zyxw_602251/t1163255.shtml.

49) 「外交部：在西沙南沙建灯塔是公益活动无可非议」, http://world.people.com.cn/n/2014/0809/c157278-25433888.html.

이상의 사실에서 알 수 있다시피 미국은 비록 역외국가지만 이미 남중국해 문제에 깊숙이 개입하고 있다. 심지어 '심판'의 입장에서 남중국해 문제에 대해 시비에 어긋나는 평가를 내리고 있다. 이런 미국의 행위를 종합하면 바로 〈남중국해 버전의 중국 위협론〉이 될 것이다.[50]

② 동해 버전의 중국 위협론

중국 대륙의 동쪽 해안 대륙붕에 위치한 조어열도釣魚列島(일본명 센카쿠)는 고대로부터 중국의 영토였다. 조어도는 원저우시溫州市와 356킬로미터, 푸저우시福州市와 385킬로미터, 대만 지룽시基隆市와는 190킬러미터 떨어져 있다. 주변 해역 면적은 대략 17만 평방 킬로미터에 달하는데 이는 대만섬 면적의 5배 정도이다. 특히 풍부한 석유와 천연가스, 어업자원을 보유하고 있어 경제적 가치가 높다. 또한 해상 교통 요로에 위치해 있어 전략적으로나 군사적으로 중요한 의미를 가지는 지역이다. 중국은 고대로부터 조어도와 인근 해역에 대해 부정할 수 없는 주권을 보유하고 있었다. 1372년 명나라 초기에 중국 문헌에는 이미 조어도에 관한 역사적 기록이 있었다.

일본은 조어도에 대해 오래 전부터 점령할 야욕을 보이고 있었다. 1895년 4월, 중일전쟁에서 패한 중국은 불평등 조약인 〈마관조약馬關條約〉을 체결하고 대만과 그 부속 도서를 일본에 할양했

50) 蒋围,「驳'南海版'的'中国威胁论' - 从史实和法理看中国对南海诸岛拥有主权及其和平对外交往政策」,『国际经济法学刊』第21卷 第2期, 北京大学出版社, 2014.

다. 1945년 일본이 패전한 후 대만은 중국에 반환되었고 그 사실은 여러 가지 국제조약과 문서를 통해 입증되고 있다. 그러나 일본은 대만과 조어도 등 부속 도서들의 관리 권한이 오키나와현沖繩縣에 있다는 이유로 조어도를 미군의 점령에 맡기었다. 1970년 미국은 오키나와의 관리권을 일본에 이양했고 조어도는 자연스럽게 일본의 통제 하에 들어갔다. 1971년 12월, 중국 외교부는 성명을 발표해 "조어도, 황미도黃尾嶼, 적미도赤尾嶼, 남소도南小島, 북소도北小島 등 섬들은 대만의 부속 도서이다. 이들은 대만과 같이 고대로부터 중국 영토의 일부분이다."라고 주장했다. 대만의 애국 청년들과 해외의 화교들도 일본의 무례한 주장에 맞서 격렬한 '조어도 보호 운동'을 벌였다. 여론의 압박에 항복한 미국은 조어도의 행정관할권을 일본에 위탁한 것뿐이지 주권과는 상관없는 일이라고 선을 그었다. 그리고 조어도의 주권과 관계된 문제는 당사자들이 담판을 통해 해결할 것을 주장했다. 그러나 일본 정부는 담판의 방식을 거절했다. 1972년 중일 수교에 앞서 주은래周恩來 총리는 조어도의 주권 문제는 잠시 보류하고 조건이 성숙되면 다시 해결할 것을 지시했다. 즉 조어도 문제와 수교 문제를 묶어서 함께 고려하지 않는다는 의미였다. 따라서 중일 양국은 조어도 문제가 양국 관계의 대국적 발전에 방해가 되어서는 안되며 이후에도 일방적인 행동을 취하지 않을 것을 양해각서에 반영했다. 1978년 중일 양국은 〈평화우호조약〉을 체결했다. 당시 등소평鄧小平 부총리는 조어도와 관련된 주권 문제는 이후 천천히 해결해도 된다고 지시했다. 그리고 1992년 〈중화인민공화국 영해 및 인접구역법〉을 반포해 '영토 조항'에 분명히 조어도는 중국의 영토라는 점을 명시했다. 이후 10년 간 조어도 주변 해역은 상대적으로 안정된 형세를 유지했다.

2012년 4월 16일, 이시하라 산타로石原慎太郎 도쿄도 지사가 조어도를 일본 정부가 구매할 것을 건의하면서 새로운 공방전이 시작되었다. 2012년 9월 9일, 후진타오胡錦濤 중국 국가주석은 APEC 제20차 정상회담에서 일본 노다野田佳彦 총리를 만나 중일관계가 조어도 문제 때문에 위기에 처했음을 전달했다. 동시에 중국의 조어도 문제에 관한 입장은 일관적이고 명확함을 다시 각인시켰다. 중국은 일본 측이 조어도를 구매하려는 시도가 불법적이고 무효함을 경고하면서 강렬한 반대에 부딪칠 것임을 알렸다. 영토 주권에 대한 수호는 중국이 양보할 수 없는 원칙의 문제이기 때문에 일본은 사태의 엄중함을 깨닫고 틀린 결정을 내리지 말 것을 요구하면서 중일관계의 발전을 위해 자제할 것을 촉구했다.

그러나 일본 내각은 중국의 경고에도 불구하고 9월 10일 조어도 및 그 부속 도서에 관한 구매 결정을 통과시켰고 국가소유로 선포한 이후 해상보안청에 순시 임무를 맡겼다. 2012년 12월 26일, 우익 경향의 아베 신조安倍晉三가 총리에 선출되면서 일본은 더 군국주의의 길로 나아갔다. 결과 중일 양국은 조어도 부근에서 해상 경비를 위해 순시선과 전투기를 출격시켰고 마찰이 끊기지 않았다. 양국 사이의 모순이 급속도로 격화되었고 언제든지 판단착오로 전쟁이 발생할 위험한 상황까지 발생하고 말았다.

이런 위험한 상황에 대해 미국은 여전히 표리부동한 수법을 사용했다. 미국은 한편으로 조어도 문제에 관해 그 어떤 입장을 갖고 있지 않는다고 밝히면서 "어느 한 쪽의 손을 들어주지 않는다."는 원칙을 내비쳤지만 다른 한편으로는 여러 차례 〈미일 안보조약〉이 조어도 문제에 적용될 것이라는 입장을 내놓았다.

이상의 사실은 조어도 문제의 본질적인 원인은 미국의 의도가 반영되어 일본의 우익세력을 지지함으로써 중일관계에 혼란을 조성한 결과라는 것을 알 수 있다. 미국은 일본의 우익 세력과 결탁하여 중국을 견제하려는 전략을 구사하고 있는 것이다. 이 과정에서 일본의 '희망'과 미국의 '승낙'이라는 두 가지 요소가 서로 지원하고 보충하는 역할을 하고 있다. 일본은 중국과의 경쟁에서 미국의 지지를 이끌어내기 위해 여러 가지 측면에서 미국을 분쟁에 끌어들이기 희망한다. 또한 미국은 아시아 회귀 전략을 실현하기 위해 일본의 지지와 협력이 필요한 상황에서 조어도 문제에 적극적으로 개입하고 있는 것이다.

2013년 4월부터 미국은 〈아시아 회귀 전략〉을 실시하기 시작했다. 따라서 국무장관, 국방장관 심지어 대통령까지 "한쪽 편을 들어주지 않는다."던 약속을 버리고 공개적으로 일본을 지원하고 나섰다. 그 다섯 가지 사례를 살펴보면 아래와 같다.

첫째, 2013년 4월 14일, 일본 기시다岸田文雄 외무상은 내방 중인 미국 국무장관 존 케리John Kerry와 회담을 가졌다. 일본 교도통신사는 보도를 통해 "이번 회담은 미일 양국의 동맹관계를 다시 확인하고 지역의 안정을 유지하기 위한 것"이었다고 평가했다. 기시다 외상 역시 "회담을 통해 미일동맹이 반드시 지켜야 할 역할을 확인했다."고 밝혔다. 케리 국무장관은 기자회담에서 "조어도는 일본의 실질적 지배 하에 있고 미국은 현재 상황을 변경하려

는 그 어떤 시도에 대해서도 반대한다."고 강조했다.[51]

둘째, 2014년 4월 5일, 아베 총리는 관저에서 헤이글Chuck Hagel 미국 국방장관과 회담을 가졌다. 아베는 현재 일본이 처한 주변 안보 환경에 관해 "미국이 미일동맹 관계가 강력하게 유지되고 있다는 신호를 공개적으로 보일 것을 희망했다." 또한 일본의 헌법 수정안과 집단 자위권의 해제 등 문제에 관해 "미일동맹이 효과적으로 작동하고 지역의 평화와 안정에 유리하도록 현재 법률 조항을 수정하기 위해 토론 중이다."라고 밝혔다. 이에 대해 헤이글 장관은 "일본의 조치에 환영을 표시한다."고 화답했다.[52] 이외에도 헤이글은 '중국의 책임'을 강조하면서 "무력을 이용하여 위협, 압박하는 방법으로 다른 나라의 영토 안정과 주권을 침범하는 행위는 자제해야 한다."면서 "우리의 중국 친구와 이 문제에 대해 토론할 것이다."라고 일본을 안심시켰다. 최종 미일 양국은 "무력으로 현재 상황을 변경시키려는 시도에 대해 절대 용납하지 않을 것"임을 공동 확인했다.[53]

셋째, 2014년 4월 23일, 미국 오바마 대통령은 일본을 시작으로 아시아 4국 순방길에 올랐다. 일본에 도착하기 전 요미우리 신문의 서면 인터뷰에서 조어도는 〈미일안보조약〉의 적용범위에 속한다는 의사를 밝혔다. 이는 미국 대통령이 처음 공개적으로 입장을 밝힌 것이 된다. 오바마는 인터뷰에서 미국의 입장이 아주 명확함을 강조했다. 조어도는 일본이 실질적으로 관리하고 있고 그 통제

51) 「美国国务卿称钓鱼岛 '处于日本有效控制下'」, 2013.4.15, 人民网.

52) 「安倍会见美国防部长 忘日美同盟关系不会改变」, 2014.4.6, 中国新闻网.

53) 沈丁立,「美国防部长访日时曾经影射中国四处重划边界」, 人民日报海外版.

하에 있다. 따라서 〈미일안보조약〉 제5항에 적용되는 대상이다. 미국은 일본이 조어도를 관리하고 있는 현재 상태를 변경하려는 그 어떤 일방적인 시도에 대해서도 반대한다는 입장을 밝혔다. 동시에 일본이 아시아 태평양 지역의 안보를 위해 더 큰 역할을 해줄 것을 주문했다. 오바마의 이런 태도는 중국 외교부의 즉각적인 반대에 부딪쳤다. 외교부 대변인은 "미국 측이 사실을 존중하고 책임지는 태도로 임할 것을 바라며 영토와 주권 문제에 관해 '한쪽 편을 들지 않을 것'이라는 약속을 지킬 것을 촉구했다."[54)]

넷째, 2014년 7월 1일, 일본은 임시 내각회의를 소집하고 헌법 수정안에 관한 해석을 통과시켰다. 이는 집단 자위권에 관한 내각의 결의안을 동의했다는 것을 의미한다. 결의안에 따라 일본은 자국이 무력 공격을 받는 상황 이외에 자국과 밀접한 관계가 있는 국가가 공격을 받는 경우에도 무력을 사용할 수 있다고 규정하고 있다. 결의안이 통과되었다는 것은 전후 방어 위주의 안보정책에 근본적인 변화가 발생했음을 의미한다. 따라서 일본 우익 정부는 자위권에 대해 자유로운 해석을 할 수 있게 되었으며 이는 아시아와 세계의 평화에 새로운 엄중한 위협으로 다가왔다.

중국 『인민일보』는 즉각 반격에 나섰다. "일본이 제멋대로 국제질서에 충격을 가하게 놔둘 수 없다." 아베 총리의 근본적인 목적은 2차 대전 이후의 평화헌법을 수정하는 것이고 이는 필연코 아시아와 세계의 평화를 파괴하는 결과를 가져올 것이다. 1945년 일본의 무조건 투항은 세계 반 파시스트 전쟁의 승리를 결정하는

54) 「外交部就奥巴马称钓鱼岛适用日美安保条约等答问」, 2014.4.23, 中国新闻网.

중요한 증거였다. 그러나 전쟁이 종식된 지 70년이 가까워 오지만 정의와 악행의 결투는 아직 끝나지 않았다. 아베 총리와 그 추종자들은 일본 군국주의자들이 침략전쟁을 일으켜 아시아 인민들에게 조성한 역사적 죄행을 인정하지 않고 여전히 야스쿠니 신사를 참배하며 일본을 위험한 길로 이끌고 있다. 특히 걱정스러운 점은 아베가 공개 연설에서 극단적인 언행을 서슴지 않는다는 점이다. "만일 나를 우익 군국주의자라고 부르고 싶다면 그렇게 불러 달라." 이처럼 적나라하게 자신의 정치적 성향을 인정하는 아베 총리가 다음 행보로 어떤 끔찍한 일을 해내겠는지 심히 걱정스럽다. 이는 평화를 수호하는 힘이 반드시 전쟁을 촉진하는 힘을 압도해야 하고 평화를 수호하는 권력의 힘이 그 소망과 마찬가지로 중요하다는 것을 말해준다.[55)]

다섯째, 2014년 7월 10일, 미국 참의원은 〈412호 결의안〉을 통과시켰다. 결의안은 남중국해에서 중국의 정당한 주권 행위를 비난하고 질책했다. 미국은 비록 조어도의 최종 주권의 귀속 문제에 대해 그 어떤 입장을 갖고 있지 않지만 현재 일본이 조어도에 대해 실질적으로 지배하고 있다는 사실을 존중하며 이런 상황을 변경하려는 일방적인 시도를 반대한다. 미국은 〈미일안보조약〉의 의무를 성실하게 집행할 것이며 당사국들이 사태의 엄중함을 인지하고 평화의 방식으로 분쟁을 처리할 것을 요구했다. 또한 미국은 일본이 분쟁 과정에서 나타낸 자제한 모습에 찬사를 보냈다.[56)]

55) 钟声,「不能任由日本肆意冲击国际秩序」,『人民日报』, 7.3, 新华网.

56) 113th Congress 2d Session S. Res. Senate Resolution 412, http://beta. Congress. gov/bill/113th-congress/senate-resolution/412/text ; "美提海洋争端涉华议案 对中国

미국은 특히 중일 분쟁 과정에서 시비를 전도하고 일방적으로 중국을 비난하고 일본을 비호했다. 그 원인은 현재 국방비가 감소하고 국가권력이 상대적으로 추락하는 미국이 일본을 내세워 동아시아에서 중국의 부상을 견제할 필요성을 느꼈기 때문이다.[57] 2012년부터 미국은 일본, 필리핀, 베트남 등 국가들과 협력해 〈동해 버전의 중국 위협론〉, 〈남중해 버전의 중국 위협론〉 등 각양각색의 중국 위협론을 제조하고 있다. 그렇다면 미국이 이상의 국가들과 연합할 수 있는 원인은 무엇인가?

첫째, 미국과 일본은 2차 대전에서 태평양의 패권을 놓고 결투를 벌였던 적대 관계였다. 1942년 미국의 진주만은 일본의 기습을 받아 피해가 막심했고 1945년 인류 역사상 처음으로 원자폭탄을 맞은 일본은 10만여 명의 인명 피해를 보았다. 그렇다면 이처럼 극도로 적대적이었던 미일 양국이 현재는 동맹을 맺을 수 있었던 것은 역사의 필연인가 아니면 우연인가? 미국의 외교정책에서 어떤 이념과 원칙을 발견할 수 있는가?

둘째, 미국과 필리핀은 종주국과 식민지의 관계였고 미국은 필리핀에 장기간 군사기지를 보유하고 있었다. 1992년 11월 미국의 군사기지는 필리핀 민중들의 강력한 반대를 받아 할 수 없이 철수했지만 최근 중국 위협론의 연막탄을 빌어 다시 부활하고 있는 상황이다.[58] 그렇다면 이것은 역사의 필연인가 아니면 우연인가? 미

在钓岛的行动不满", http://mil.news.sina.com.cn/2014-04-09/0859772944.html.

57) 「日本内阁决定解禁集体自卫权」, http://news.sina.com.cn/c/2014-07-02/064030454674.shtml.

58) 「美国防部长访菲律宾 寻求扩大美军在菲轮驻」, 中国新闻网, 2013.8.30.

국의 외교정책에서 어떤 이념과 원칙을 발견할 수 있는가?

셋째, 미국과 베트남은 1970년대까지만 해도 대규모 전쟁을 진행했던 적대국이었다. 미국은 베트남에서 '중국공산주의의 확장'을 억제한다는 이유로 대규모 폭격과 민간인 학살을 감행했다. 베트남 인민들은 국제사회의 원조와 함께 장기간의 항전을 거쳐 1975년 끝내 미국을 물리쳤다. 그러나 현재는 〈남중국해 버전의 중국 위협론〉의 연막을 빌어 미국과 베트남은 아이러니컬하게 준동맹국의 관계를 유지하고 있다. 그렇다면 이는 역사의 필연인가 아니면 우연인가? 미국의 외교정책에서 어떤 이념과 원칙을 발견할 수 있는가?

일본, 필리핀, 베트남은 자국의 이익에서 출발해 미국과의 협력을 유지하고 있는 상황이다. 그렇다면 미국의 전략에는 반드시 정교한 이념과 기본적인 원칙이 존재할 것이다. 그것은 바로 대외적으로 식민주의, 제국주의, 패권주의를 실행하고 목적을 실현하기 위해 수단을 가리지 않는 것이다. 이런 이념과 기본원칙은 미국 건국의 백 년 역사와 건국 이후 200년 동안 추진했던 확장의 역사와 긴밀한 관계가 있다. 또한 미국 주류 사회의 이데올로기와 가치관을 반영하고 특히 독점 자본주의 즉 제국주의의 경제체제와 밀접한 관계가 있다.

(2) 미국의 식민주의 확장 정책

서구 자본주의의 발생과 발전의 역사는 자본의 원시축적의 과정 그 자체이다. 초기 자본주의국가는 대내적으로 잔혹한 폭력을 사용하여 생산자의 생산물을 빼앗아 이들이 노동력을 팔 수밖에 없는 신세로 전락하게 만들었다. 대외적으로는 식민지 약탈을 통해 대량의 부와 자본을 축적했다. 이 과정에서 약탈이 가장 중요한 부분을 차지했다.

마르크스는 역사에 대한 고찰을 통해 아래와 같이 결론을 내렸다. 유럽의 자산계급은 자본의 원시적 축적을 약탈을 통해 완성했다. 아메리카 대륙에서 금은광이 발견된 이후 무력으로 토착 주민들의 생활 터전을 박탈하고, 이들을 노예로 만들어 광산 노동자로 부렸다. 그리고 아시아 인도에서 정복과 약탈을 진행했고, 아프리카에서는 흑인을 야수로 여기고 대규모 노예무역을 시작했다. "유럽 이외의 지역에서 약탈과 살육, 노예제도를 통해 형성된 부는 끊임없이 종주국으로 흘러 들어 자본으로 전환되었다."[59] 이는 유럽 자산계급이 자본을 형성한 원천이 아시아, 아프리카, 아메리카 사람들의 피땀이었음을 말해준다.

정상적인 상황에서 자본가가 이윤을 획득하는 방법은 우선 자본을 투자해 이익을 창출하는 것이다. 그러나 식민지 약탈 과정에서 자본의 원시적 축적은 "단 1실링shilling도 지불하지 않은 상태에서 진행되었다."[60] 고대의 연금술사들은 철과 돌멩이를 금으로 정제할 수 있다고 사람들을 현혹하곤 했다. 그러나 식민주의자들은 연금술사보다 더 뛰어난 인물이어서 "무無에서 금을 만들어낼 수 있었다."[61] 사실 식민지 제도라는 것은 "가장 잔혹한 폭력을 기반

59) 马克思,『资本论』,『马克思恩格斯选集』第23卷, 人民出版社, 1972, 822, 819쪽.
60) 위의 책, 1972, 821쪽.
61) 위의 책, 1972, 821쪽.

으로 구축된 것"이었다.[62] "우리가 자산계급 문명의 발생지에서 눈길을 돌려 식민지를 주목할 때 비로소 그 위선과 야만의 진상을 발견할 수 있다. 고향에서는 아주 고상한 척 체면을 유지하지만, 식민지에서는 전혀 감추지 않고 그 적나라함을 표현한다.", "개인과 민족이 피와 오물을 뒤집어쓰지 않고 곤경과 굴욕을 겪지 않는 한 진보를 이룰 수 없다는 말인가?"[63] 자산계급의 폭발적인 발전은 결국 피와 불로 이룩한 것이고, 식민지에 대한 약탈이 자본의 원시 축적을 이룬 가장 중요한 원인이었다. 그 과정은 전혀 "전원의 목가가 울려 퍼지는 것"처럼 평화로운 방식이 아니었다. "자본은 세상에 태어날 때부터 머리부터 발끝까지 모두 피와 더러운 것들로 얼룩져 있었다."[64] 결과는 서구 자본주의 물질문명은 처음부터 아시아, 아프리카, 아메리카 사람들의 피를 빨아들여 성장한 것이었다.

마르크스와 엥겔스는 사실 영국의 식민주의자와 정치인들이 한 무리의 해적이라고 표현했다. "평소에 고상한 도덕으로 자부하던 영국 신사들은 해적의 방식으로 중국에 군사비를 배상하라고 했다."[65] 이런 위선자들은 "기독교식의 선량한 얼굴로 가장하고 있지만" 하는 행동은 그들의 조상이 남겨준 "해적식 약탈 정신"에 기반하고 있었다.[66] 약소국과의 외교에서 가장 잘 활용하는

62) 위의 책, 1972, 819쪽.

63) 马克思, 「不列颠在印度统治的未来结果」, 『马克思恩格斯全集』 第9卷, 人民出版社, 1961, 250-251쪽.

64) 马克思, 「资本论」, 『马克思恩格斯选集』 第23卷, 人民出版社, 1972, 782, 829쪽.

65) 马克思, 「英中条约」, 『马克思恩格斯全集』 第12卷, 人民出版社, 1962, 605쪽.

66) 恩格斯, 「英人对华的新远征」, 『马克思恩格斯全集』 第12卷, 人民出版社, 1962, 186쪽.

수법은 위협과 공갈, 배반과 이간질, 첩자를 이용해 내부 반란을 일으키기, 심지어 외교문서를 조작하는 방법까지 동원했다. 마르크스와 엥겔스는 아주 많은 실제 사실로 식민주의자들의 비열한 수법을 폭로하는 동시에 경고를 하였다. 침략과 약탈로 얻은 이익은 비록 달콤하지만 결국 약소국가와 사람들의 원한이 쌓여 자신을 파멸로 이끄는 원인이 된다는 것이다.[67)]

영국 식민주의자들의 '해적식 약탈 방식'은 아메리카 대륙에 상륙한 이후 400년 동안 유지되고 발전했을 뿐만 아니라, 미국이라는 후계자에 의해 전 세계로 확장하는 패권주의로 진화했다. 영국 식민주의자들이 아메리카 대륙에 진출한 400년 동안 끊임없이 서부, 중남미, 남아메리카, 아시아, 아프리카로 세력범위를 확장해 나갔다. 식민주의와 제국주의 확장 정책의 목적은 결국 자연자원과 부를 취득하기 위한 것이었다. 다른 국가의 주권을 유린하고 영토를 침범하는 것은 식민주의자들의 필요한 수단이었고 장기적으로 사용하는 방식이었다. 경제학의 측면에서 보면 영토는 바로 비옥한 농경지와 광활한 농장, 목축장 그리고 삼림과 풍부한 목재, 지하에 저장된 귀중한 광산, 수많은 노동력과 세금수익을 의미했다. 영토를 점령한다는 것은 바로 부를 취득한다는 진리를 식민주의자들은 잘 알고 있었다. 따라서 아시아, 아프리카, 아메리카의 광활한 대지는 약육강식의 밀림의 법칙에 의해 유럽과 미국 열강의 식민지나 세력범위로 전락했다. 영토를 점령하면 그 주변 영

67) 马克思,「与波斯签订的条约」,『马克思恩格斯全集』第12卷, 人民出版社, 1962, 249쪽;『英中冲突』,『议会关于对华军事行动的辩论』,『鸦片贸易史』,『新的对华战争』等.

해와 대륙붕, 배타적 경제수역의 어류 자원, 해저 자원 역시 수중에 넣을 수 있다. 뿐만 아니라 해상의 교통로도 통제할 수 있어 경제적 이득이 배로 증가할 수 있다. 그렇다면 영국 식민주의자와 그 후예인 미국이 400년 동안 어떤 만행을 저질렀는지 살펴보기로 하자.

① 영국 식민주의자의 전통

미국의 역사는 영국이 북미 대륙에 식민지를 건설하면서 시작된다. 이 시기는 1607년 첫 번째 식민지의 건설부터 1776년 미국이 독립선언을 발표하기까지의 기간이다. 17세기 초부터 유럽의 열강들은 북미 대륙을 쟁탈하기 위한 경쟁에 뛰어들었다. 특히 영국의 상인들은 여왕의 지지를 바탕으로 민간 자본이 출자하는 방식으로 '버지니아 회사'나 '런던 회사' 등을 설립하여 북미 식민지 개척에 나섰다. 회사를 구성하는 첫 그룹은 모험심으로 가득 찬 자본가들이었고, 두 번째 그룹은 자본가를 위해 직접 식민지 개척에 뛰어든 고용된 자들이었다.[68] 이들은 비록 무역회사라는 이름으로 활동했지만, 사실은 '무역과 강도짓'을 겸비한 조직이었다. 영국 식민주의자들은 해외에서 상업과 밀수, 해적 활동과 노예무역에 종사했다.[69] 초창기 북미 대륙에 이민한 사람들은 주로 부유한 투기 상인, 파산한 신사, 모험가, 그리고 죄수들과 가난한 노동자, 청교도 등으로 구성되었다. 영국은 북미 대륙의 동부 대서양의 연안에서 백 년 동안 침략과 확장을 진행한 결과 13개의

68) 张敏谦,「从殖民地走向独立的佛吉尼亚」,『历史研究』, 1993, 2期, 142쪽.

69) 黄绍湘,『美国通史简编』, 人民出版社, 1979, 一版, 11쪽.

식민지로 구성된 〈영국의 북아메리카 식민지British Colonies in North America〉를 건립했다.

영국이 북아메리카 식민지를 건설한 이유는 두 가지이다. 첫째, 중상주의 영향. 중상주의는 개인보다는 국가를 경제의 주체로 보았다. 경제활동의 목적은 국가의 전체 자산을 높이는데 있다. 세계에 존재하는 기존의 부는 한계가 있으며, 어느 한 국가가 부강하기 위해서는 반드시 다른 국가들의 손실과 희생을 전제로 한다. 따라서 국가의 경제적 부는 최대한 외국으로부터 자산을 섭취하는 동시에 국내 자산의 유출을 최소한 낮추는데 있다. 둘째, 종교의 동기. 영국과 유럽의 종교 개혁으로부터 발생한 종교적 동기 역시 북아메리카 식민지를 개척하게 된 중요한 추진력이었다.[70]

이상의 분석에서 알 수 있다시피 미국 제국주의는 영국의 식민주의를 계승한 결과였다. 그 때문에 현재 미국이 전 세계에서 추진하고 있는 침략과 확장은 절대 역사의 우연이 아니라 그 선조로부터 물려받은 유전자의 영향 때문이다.

② 흑인 노예무역의 역사

유럽 식민주의자들이 북미 대륙에 진출한 이후 인디언을 비롯한 원주민 인구가 급속도로 감소했다. 이와 반대로 광산과 농장의 규모는 갈수록 커져 노동력의 결핍이라는 문제에 봉착하게 되었다. 이 문제를 해결하기 위해 서구 식민주의자들은 더 악랄한 방법을 찾아냈는데 그것은 바로 아프리카의 흑인 노예사냥이었다.

---

70) 艾伦·布林克利, 邵旭东译, 『美国史(1492-1997)』 第10版, 海南出版社, 2009, 23-24쪽.

식민주의자들이 돈과 무기를 대주고 아프리카 연안의 추장들이 내륙에서 흑인 노예를 납치하는 방식이 확산되기 시작했다. 노예 상인들은 납치해온 흑인들은 가축처럼 다루었고, 수갑을 채운 채 원양 상선에 실어 장기간의 항해를 거친 후 아메리카 대륙의 농장주에게 팔았다. 이 과정에서 노예 상인들은 거의 열 배에 달하는 폭리를 취했다.[71] 해상 운수 과정에서 대량의 흑인 노예가 질식사, 압사, 아사 등의 이유로 죽어 나갔는데 사망률은 일반적으로 30%에 달했다. 때로는 원양상선에 전염병이 돌거나 양식이 부족할 경우에는 아직 살아있는 노예들을 무자비하게 바다에 던져 상어의 먹이감이 되게 하였다.

대략적인 통계에 의하면 16세기부터 19세기 사이의 300년 동안 노예무역으로 인해 아프리카 인구는 1억 명 정도 감소했다. 장

80. 식민주의자들이 아프리카 원주민들을 납치해 연안 부두로 가는 장면.

71) 福斯特,『美国历史中的黑人』, 1954, 纽约, 2장 2절.

기간의 노예사냥과 학살로 인해 아프리카의 경제와 인구는 매우 큰 피해를 봤으며, 이는 현재까지 아프리카가 낙후한 상황에서 벗어나기 힘든 주요한 원인이 되고 있다. 식민주의자들은 아프리카 사람들의 피땀과 생명으로 유럽의 '선진 문명'의 기반을 다졌던 것이다.

유럽 상인들은 유럽, 아프리카, 북미 세 개 대륙을 왕복하면서 노예무역을 진행했는데 이런 형식을 '삼각 무역'이라고 불렀다.[72] 1660년 영국은 네덜란드를 이어 노예무역에 대한 독점적 지위를 확립했다. 영국 상인들은 대규모의 흑인 노예를 북미 대륙의 남부에 공급했고, 이로 인해 남부의 농장 경제가 급속도로 발전했다. 뉴잉글랜드 식민지에서 새로운 삶을 개척했던 청교도들도 위선적인 가면을 벗어 던지고 노예무역에 적극적으로 뛰어들었다. 미국의 흑인 출신 학자 두보이스Du Bois의 연구에 의하면 17·18세기 아프리카 인구는 세계 인구의 5분의 1이었지만, 20세기 초엽에는 13분의 1밖에 되지 못했다. 노예무역은 뉴잉글랜드 식민주의자에게 거대한 이익을 안겨주었고 미국 자산계급의 원시 자본 축적에 가장 중요한 원천이 되었다. 흑인 노예들의 피땀은 남부의 농장 경제에 활력을 불어넣었고 풍요로운 경제생활의 버팀목이 되었다.[73]

③ 미국의 서점운동Westward Movement, 西漸運動(성조기의 13개 별이 50개가 되기까지)

서점운동은 1607년 영국 식민주의자들이 북미 대륙에서 첫 번

72) 黄绍湘,『美国通史简编』, 人民出版社, 1979年第一版, 第22쪽.

73) 위의 책, 23쪽; 王毅,「领土扩张与西进运动」,『美国简史』, 安徽人民出版社, 2013, 73-79쪽.

째 식민지를 건설한 이후 100여 년 동안의 확장을 거쳐 13개의 식민지로 발전했다. 1776년 7월 북미 대륙의 13개 식민지는 독립선언을 발표하고 영국의 통치에서 벗어나 '아메리카합중국'을 건립한다고 선포했다. 미국이 독립선언을 발표한 이후 영국과 미국 사이에 7년간의 전쟁이 벌어졌다. 결국 영국이 패배했고 1783년 〈파리평화조약〉을 통해 미국의 독립을 승인했다.

서점운동은 미국 동부의 주민과 유럽의 이민이 정부의 지원을 받아 조직적으로 서부와 내륙 지역으로 확장해 나간 운동이었다. 서부 개척은 18세기 말부터 시작되어 20세기 초까지 이어졌다. 서점운동은 미국 경제의 발전에 활력을 불어넣었지만 동시에 서부 지역에 거주하던 인디언들의 삶의 터전이 파괴되는 결과도 가져왔다. 사실 서점운동은 대규모 인디언 학살의 역사라고 해도 과언이 아니다. 간신히 살아남은 원주민들은 황량한 지역에 조성된 보류지로 쫓겨났는데 이런 추방의 역사를 인디언의 '피와 눈물의

81. 미국 기마병들이 서부 원주민 인디언을 학살하는 장면

길'이라고 표현한다. 미국은 박애, 평등, 자유, 민주, 인권 등을 표방하는 국가였지만 서점운동 과정에서 원주민에 대한 학살을 서슴지 않고 감행했다. 서부의 광활한 영토와 풍부한 자원을 점령하기 위해서는 원주민의 반대 따위는 전혀 고려할 문제가 아니었으며, 가장 악랄한 수단을 이용하여 이들을 진압했다. 인디언에 대한 〈인종 청소 정책〉은 미국 건국 후 백 년간 기본적인 국가 정책으로 시행되었다.

가장 수치스러운 점은 인디언에 대한 〈인종 청소 정책〉을 기안했던 인물이 바로 '독립 선언'의 작성에 참여했고, 세계를 향해 "모든 인간은 평등하다."고 선언했던 건국의 아버지이자 제3대 대통령이었던 제퍼슨Thomas Jefferson이라는 사실이다. 제퍼슨 대통령은 1800년부터 1808년까지 8년간 집권했는데, 첫 번째 임기 때 나폴레옹이 파견한 원정군이 아이티Haiti에서 전멸한 사건이 발생했다. 나폴레옹은 전쟁의 패색을 만회할 자금이 필요했던 상황이었고, 동시에 영국과 미국이 동맹을 결성해 유럽에서 프랑스와 대항하는 시나리오를 경계했다. 만일 영미 동맹이 형성된다면 영국은 반드시 북미 대륙의 중부에 위치한 루이지애나 등 프랑스 소유지를 공격할 것이고, 프랑스는 이를 방어할 힘이 부족했다. 그런 최악의 상황을 모면하기 위해 프랑스는 루이지애나를 미국에 팔아 버리고 모든 관심을 유럽의 패권 경쟁에 몰입하는 전략을 선택했다. 1803년 5월 2일, 프랑스는 미국과 〈루이지애나 매입 조약The Louisiana Purchase Treaty〉을 체결하고 1,500만 달러라는 가격에 광대한 영토를 넘겨주었다. 미국은 느닷없이 2144만 제곱킬로미터에 달하는 광대한 영토를 얻게 되었다. 미시시피강 서안부터 록

키산맥까지 이르는 광대한 영토의 가격은 제곱킬로미터 당 7달러에 불과했다.[74]

1803년부터 인디언을 소멸시키는 것이 미국 연방 정규군과 예비군의 주요한 임무가 되었다. 1814년 제4대 대통령 매디슨James Madison 정부에 와서는 1703년 각 식민지 의회에서 통과된 인디언 학살에 관한 상벌 조례를 참고해 더 가혹한 법령이 채택되었다.[75] 규정에 따르면 인디언은 남녀노소 심지어 영아까지 포함해 한 사람의 두개골 가죽 당 50~100달러의 상금을 준다. 12세 이하의 인디언 혹은 여자 인디언은 50달러, 12세 이상 청장년 남자 인디언은 100달러를 준다. 마르크스는 식민주의자의 악행에 대해 "이들은 인간의 두개골로 술잔을 만들어야 비로소 달콤한 술을 마실 수 있는 자"들이라고 비판했다.[76]

특히 1860~1890년대는 인디언들의 암흑기였다. 1864년 남북 전쟁이 끝난 이후 링컨Abraham Lincoln 대통령이 〈홈스테드법Homestead Act〉[77]을 발표하며 인디언에 대한 학살이 최고조에 달했다. 미국 연방군은 당지 예비군의 협력을 받아 인디언 부락에 대해 1000여 차례 대규모 군사행동을 개시했다. 이런 잔혹한 폭행은 1803년부터 1892년까지 거의 1세기 동안 진행되었다.[78]

---

74) 顾学稼等编著,『美国史纲要』, 四川大学出版社, 1992, 118쪽.

75) 马克思,『资本论第1卷』, 人民出版社, 1975, 821-822쪽.

76) 马克思,「不列颠在印度统治的未来结果」,『马克思恩格斯全集』第9卷, 人民出版社, 1961, 252쪽.

77) 『美国之霸权历史(一)屠杀印第安人』, http://hi.baidu.com/haochengyoung/item/22ede03cb8fd390dceb9fe39.

78) 위의 글.

미국의 역사학자도 이 시기 역사를 기록하면서 “미국은 맹렬한 기세로 서쪽, 남쪽, 북쪽으로 진격했는데, 이를 견제하던 다른 국가를 격파했을 뿐만 아니라 이 지역에 거주하고 있던 원주민 인디언의 반항도 잔인하게 진압해 버렸다. 인디언에 대한 축출 작업은 미국 역사의 가장 큰 오점으로 남아 있다. 더 비참한 것은 수많은 미국의 걸출한 민주주의 수령들도 이 과정에 적극적으로 참여했다는 사실이다.”[79]

미국은 루이지애나를 성공적으로 사들인 이후 진격의 방향을 동남쪽으로 이동시켰다. 미국은 플로리다 서부 지역이 원래 루이지애나에 속한 부분이라고 봤지만, 그 소유주인 스페인은 그렇게 생각하지 않았다. 1804년 2월, 미국 의회는 플로리다 서부 지역을 미시시피에 포함시켰고, 이는 스페인의 강렬한 반발을 불러왔다. 1815년 스페인은 국제 사회에 플로리다에 대한 주권을 호소했지만, 그 어떤 유럽 국가의 지원도 받지 못했다. 이에 힘입은 미국은 1810년 펄 강Pearl River 서쪽의 플로리다 지역을 점령했고, 1818년에는 스페인의 거점 도시인 산마르코스San Marcos와 펜사콜라Pensacola를 탈취했다. 반면에 스페인의 상황은 그다지 이상적이지 못했다. 라틴 아메리카의 식민지 국가들에서 독립운동이 거세게 일어난 상황에 스페인은 미국과 타협할 수밖에 없었다. 1819년 2월 22일, 미국과 스페인은 〈플로리다 조약〉을 체결해 플로리다와 오리건 지역에 대한 미국의 소유권을 인정했다. 그 대가로 미국은

79) 威廉·福斯特,「马明方译」,『美国政治史纲』, 人民出版社, 1956, 273쪽.

스페인에 500만 달러의 보상금을 지불했다.[80)]

서북 쟁탈은 영국과 미국의 북미 대륙 서북쪽에 위치한 오리건 지역과 캐나다 서부 지역에 대한 소유권 쟁탈전이다. 오리건은 록키산맥 서쪽 샌프란시스코 북쪽, 러시아령 알래스카 이남의 광활한 지역을 가리킨다. 1818년 영미 양국은 조약을 체결하고 이 지역을 10년 동안 "양국의 국민들에게 개방한다."고 합의했다. 1825년 이후 영미 양국의 분쟁은 주요하게 북위 42도에서 54도 사이의 구역에 대한 소유권 쟁탈로 전개되었다.[81)] 1844년 민주당 출신 대통령 후보였던 제임스 포크James Knox Polk가 경선에서 승리한 후 "북위 54도 40분이냐 전쟁이냐!Fifty-four Forty or Fight"라는 구호를 내걸었다. 즉 미국이 인정하는 국경선은 북위 54도 40분인데 영국이 이것을 인정하지 않으면 전쟁을 불사한다는 선전포고였다. 사실 영국도 초반에는 강경한 입장을 취했으나 양국 모두 전쟁은 원치 않았다. 결국 양국이 서로 양보했고 1846년 조약을 체결해 오리건주 지역의 소유권에 대해 합의했다. 북위 49도를 기준으로 남부(밴쿠버 섬은 제외)는 미국이 차지했고 북부는 영국령 캐나다의 소유가 되었다.[82)] 1859년 북위 49도 이남의 오리건 지역은 미연방에 가입했고, 오리건주로 새롭게 태어났다.[83)]

서남전쟁은 미국과 멕시코 사이의 전쟁을 말한다. 1776년 독립한 미국은 유럽 열강들이 아프리카와 아시아에서 식민지를 확장

---

80) 顾学稼等编著, 『美国史纲要』, 四川大学出版社, 1992, 119-120쪽.

81) 위의 책, 1992, 120-121쪽.

82) 王毅, 『美国简史』, 安徽人民出版社, 2013, 76쪽.

83) 黄绍湘, 『美国通史简编』, 人民出版社, 1979, 第一版, 190쪽.

하는 틈을 타 북미 대륙에서 그 세력을 확장해 나갔다. 1823년 제임스 먼로James Monroe 대통령은 "아메리카 대륙은 그 어떤 국가도 간섭하지 말 것"을 주장하는 먼로주의를 발표했다. 아메리카 대륙에서의 배타적 권리를 호소한 미국은 국경을 맞대고 있는 거대한 국가였던 멕시코를 반드시 배제해야 하는 문제에 봉착했다. 당시 텍사스는 멕시코 소속의 주였다. 1835년 멕시코 정부는 텍사스에서 노예제도를 금지할 것이라고 발표했다.[84] 이에 반발한 텍사스, 캘리포니아의 노예주들은 무장 반란을 일으켜 멕시코 정부를 압박했고 미국은 직접 군대를 파견해 텍사스의 독립을 선포했다. 그리고 1845년 7월 영토 확장에 앞섰던 제임스 포크 대통령은 텍사스를 미국에 편입시킨다고 공식적으로 선포했다. 동시에 테일러Zachary Taylor 장군이 인솔하는 부대를 텍사스와 멕시코 변경 지역에 파견해 전쟁의 위협에 대비했다. 같은 해 11월 포크 대통령은 멕시코가 300만 달러의 채무를 갚아야 한다는 이유로 그랜드강Grand River을 국경선으로 인정할 것을 압박했고 미국이 1500만~4000만 달러를 지불하고 뉴멕시코와 캘리포니아를 구매할 의사를 밝혔으나 거절을 당했다. 1846년 5월 13일, 결국 미국은 멕시코에 선전포고를 했고 양국 사이에 전쟁이 발발했다. 1848년 2월 2일, 양국은 〈과달루페 이달고 조약Treaty of Guadalupe Hidalgo〉을 체결하여 미국은 멕시코 절반에 달하는 영토 230만 제곱킬로미터를 획득했다. 이는 프랑스 4개, 독일 6.5개의 면적과 비슷하다. 현재는 캘리포니아, 네바다, 유타, 애리조나와 뉴멕시코주의 대부분 지

84) 黄绍湘,『美国通史简编』, 人民出版社, 1979, 第一版, 186-187쪽.

역과 콜로라도와 오하이오주의 일부분이 되었다. 미국은 그 대가로 멕시코에 1500만 달러를 지불했다. 멕시코 전쟁에서 승리한 미국은 일약 대서양과 태평양을 연해로 둔 대륙국가로 비상했고 아메리카 대륙에 대한 절대적 우세를 확립했다. 전쟁에 직접 참가했던 미국 장군 그랜트Grant도 "이 전쟁은 강대한 민족이 약소한 민족에 대해 진행한 가장 정의롭지 못한 전쟁이었다."라고 인정했다.[85)]

1870년대부터 자유자본주의는 점차 독점자본주의 형태로 변화했다. 30년 간의 발전을 거쳐 1900년대에 진입한 후 세계 자본주의는 제국주의로의 변화를 완성했다. "제국주의는 자본주의의 가장 높은 단계로 1898~1914년 사이에 유럽과 아시아에서 점차 형성되었다."[86)]

제국주의는 독점적이고 부패한 자본주의 형태이고, 독점자본의 통치는 제국주의의 가장 기본적인 특징이다. 제국주의 시대에 진입한 자본주의는 고유의 모순들이 점차 더 극렬하게 나타났고 또한 제국주의 국가들 사이의 모순도 더 격렬해지고 있었다. 여러 형태의 국제독점 기구가 나타났지만 경쟁을 완화시키지 못했을 뿐만 아니라 오히려 경쟁이 더 넓은 범위와 영역에서 더 거대한 규모와 치열한 상태로 나타났다. "제국주의 시대의 가장 중요한 특징은 강대국들이 패권경쟁, 즉 영토 쟁탈전에 나섰다는 것이

85) 『美国之霸权历史(二)美墨战争』, http://hi.baidu.com/haochengyong/item/67e9620dcf757438f3eafc39.

86) 列宁,「帝国主义和社会主义运动中的分裂」,『列宁选集』第2卷, 1972, 884쪽.

다."[87)]

19세기 최후 25년 동안에 강대국들은 시장과 원료산지, 투자시장을 선점하고 세력범위를 확장하기 위해 세계를 분할하는 경쟁에 돌입했다. 사실 20세기 초반에 들어서면서 식민지 분배는 이미 끝난 상태였다. 그러나 자본주의 국가들의 발전 수준이 서로 달랐던 관계로 제국주의 열강들의 실력 역시 요동치는 상황이 발생했다. 경제력이 갑자기 폭발적으로 증가한 후발주자들이 제국주의 열강들의 식탁에 비집고 올랐을 때는 이미 요리의 분배가 끝난 상태였다. 이런 상황은 물론 제국주의 후발주자들의 불만을 자아냈고, 결국 다른 열강의 수중에서 이득을 쟁탈하고 세력범위와 식민지를 재분배하려는 움직임으로 나타났다. 격렬한 모순은 1898년 미국-스페인 전쟁, 1899~1902년 제2차 보어전쟁, 1904~1905년 러일전쟁으로 비화했고, 급기야 1914~1918년의 제1차 세계대전으로 폭발했다.

미국은 1898년 스페인과의 전쟁을 통해 자유자본주의로부터 독점자본주의로의 변신을 완성했다. 이는 미국 제국주의가 아시아, 아프리카, 라틴아메리카 등 지역에 침략전쟁을 하는 시작이 되었다. 1860년대 미국은 러시아가 곤경에 처한 틈을 타서 720만 달러의 가격으로 알래스카와 알류산 열도Aleutian Island를 구매했고, 군대를 파견해 미드웨이 제도Midway Island를 점령했다. 이로써 미국은 북극해와 태평양의 중심으로 진출할 수 있게 되었다. 1898년에는 스페인과의 전쟁을 통해 하와이섬과 괌을 점령했다. 이후

87) 위의 책, 1972, 810쪽.

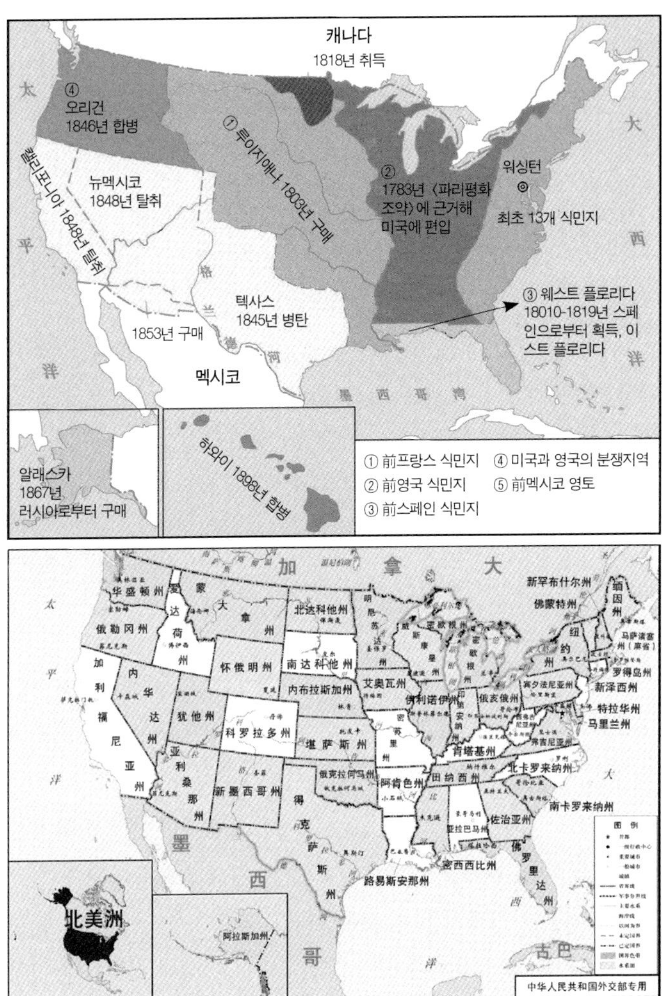

82. 미국이 점령 혹은 구매한 영토 (출처: http://www.chuanjiaoban.com/userfiles/old/uploadfile/2009/1011/20091011021427545.jpg.)

83. 미국의 광활한 영토 (출처: http://www.onegreen.net/maps/m/a/usa.jpg.)

1959년 알래스카와 하와이는 미연방에 편입되었다. 이로써 성조기는 식민지 초기의 13개 별이 50개로 증가하는 기나긴 역정을 완성했다.[88]

④ 아시아, 아프리카, 라틴아메리카 국가들에 대한 침략전쟁

1996년 1월 2일 〈뉴욕 타임즈〉는 헤일블룬Jacob Heilbrunn과 린드Michael Lind의 '아메리칸 제3제국'을 기사로 내보냈다. 내용은 미국이 19세기 말부터 대외 확장을 진행했던 과정에 출현했던 세 개 제국의 단계에 대해 설명했다. '아메리칸 제1제국'은 1898년 스페인 전쟁 이후 형성되었으며 1945년 제2차 세계대전과 함께 역사의 무대에서 사라졌다. 이 시기 미국은 쿠바, 푸에르토리코, 필리핀과 카리브해의 일부 지역을 점령했다. '아메리칸 제2제국'은 1945년부터 1989년 냉전이 끝날 때까지 유지되었다. 이 시기 미국은 서유럽과 아시아에서 패권을 확립했다.

1990년부터는 중동 지역에서 군사적 의무를 이행하면서 제3제국의 건립에 몰두했다. 1990년 8월부터 1991년 2월 사이에 미국 부시 대통령은 걸프전쟁을 발동했다. '쿠웨이트 해방'의 구호를 내 걸고 정의로운 전쟁을 하는 것처럼 보였지만 진정한 목적은 이라크의 지역 패권을 무너뜨리고 걸프 지역의 석유자원과 전략적 요충지를 차지하기 위한 것이었다. 그리고 1991년 소련이 붕괴된 기회를 틈 타 동유럽과 구 유고슬라비아 지역에 침투해 러시아

88) 张海涛,『美国走马观花记』, 上海人民出版社, 1980, 111-115쪽;『何处是'美利坚帝国'的边界』, 人民出版社, 2000, 359-360쪽.

의 안방에서 군사 패권을 확립했다.[89] 미국 연구자들의 연대기적 기술 방식은 참고할 만한 가치가 있다. 유사한 방법으로 아메리칸 제국이 지난 100여 년 동안 어떻게 폭력을 이용해 확장을 했는지 시간의 순서에 따라 설명해보려 한다. 그 연장선에서 최근에 진행 중인 '아시아 회귀' 전략의 본질과 제국주의 침략야욕을 폭로하려고 한다.

○ 북아프리카와 서아프리카 지역에 대한 군사적 침략

영국과 프랑스 식민주의자들의 침략과 약탈로 인해 북아프리카의 이집트, 알제리, 모로코, 튀니지 등 국가들은 이미 반식민지 혹은 완전한 식민지 상태로 전락했다. 미국도 아프리카의 풍부한 자원을 약탈하기 위해 의도적으로 침략을 준비하고 있었다. 1801년 미국은 트리폴리의 해적을 소탕한다는 명의로 자국의 상업 이익을 보호하기 위해 리비아에 침입했고 수도 트리폴리를 점령했다. 1805년 미국은 리비아의 망명 정객을 동원해 이집트에서 리비아로 침투하려고 했지만 당지 인민들의 항전에 부딪쳐 실패하고 말았다. 7월 리비아는 미국의 압박에 굴복하고 불평등조약을 체결해 최혜국 대우를 부여했다. 1815년 3월 미국은 알제리에 선전포고를 하고 6월에 불평등조약을 체결했다. 1836년에는 무력으로 모로코, 튀니지를 압박해 불평등조약을 체결했다. 미국은 아프리카에 침투하기 위해 거점을 건립하는 방법도 사용했다. 1822년 미국은 함포를 내세워 아주 작은 대가로 서아프리카 부락의 추장들

89) Jacob Heilbrunn and Michael Lind, *The Third American Empire*, http://www.nytimes.com/1996/01/02/opinion/the-third-american-empire.html.

로부터 리비아 연안 130마일에 달하는 토지를 강탈했다. 미국은 아프리카에서의 첫번째 식민지에 당시 대통령의 이름을 빌려 몬로비아Monrovia라고 불렀다.[90]

○ 극동 지역에서의 확장

1830-40년대 미국의 대외확장은 극동지역을 중심으로 이루어졌다. 미국은 극동에서의 무역을 위해 중국을 침략하는 통로를 개척해야 했다. 여기에는 아편무역도 포함된다.[91] 1832년 해군의 함포를 앞세우고 상인의 가면을 쓴 로버트를 특사로 파견했다. 1833년 3월 30일, 함포 위협으로 태국과 조약을 체결했고 다음으로 오만의 무스카트Muscat로 향했다. 9월에는 오만의 지도자 수단과 조약을 체결했다. 1844년 7월 3일에는 중국을 압박해 "중미 망하조약"을 체결해 5개 항구에서의 특권과 편파적인 최혜국대우, 영사재판권 등 특권을 얻었다.[92]

○ 스페인전쟁을 통해 쿠바, 푸에르토리코, 필리핀을 탈취했다.

1898년에 발발한 스페인전쟁은 후발주자였던 미국이 스페인의 수중에서 쿠바, 푸에르토리코, 필리핀을 탈취한 식민지 전쟁이었다. 또한 미국이 처음으로 외국과 진행한 대규모 침략전쟁이었다. 이는 미국의 대외정책에서도 중요한 전환점이 된다. 전쟁은 1898년 5월 11일부터 7월 28일까지 3개월 간 진행되었다. 미국과 스페

90) 黄绍湘,『美国通史简编』第一版, 人民出版社, 1979, 140쪽.

91) 위의 책, 1979, 191쪽.

92) 위의 책, 1979, 192쪽.

인 양국은 1898년 10월 1일 파리에서 회담을 갖고 12월 10일 조약을 체결했다. 조약의 내용은 첫째, 스페인은 쿠바의 독립을 승인하고 쿠바의 모든 채무를 부담한다. 둘째, 스페인은 푸에르토리코와 괌, 필리핀을 미국에 양보한다. 셋째, 미국은 필리핀 제도를 이양 받은 대가로 스페인에 2000만 달러를 지불한다.[93]

1898년 미국은 스페인으로부터 쿠바에 대한 통제권을 물려받아 보호국으로 만들었고 관타나모에 해군기지U.S.Naval Station Guantanamo Bay를 건립했다. 1901년 맥킨레이William McKinley 대통령은 플랫 수정안The Platt Amendment을 통해 미국이 쿠바에 대해 군사적 간섭을 진행할 수 있도록 했다. 그리고 쿠바의 영토에 군사기지와 광산개발을 할 수 있도록 조치했다. 이후 플랫 수정안은 부록의 형식으로 쿠바 헌법에 수록되었다. 이 법안에 근거해 미국은 1903년 쿠바의 팔마Estrada Palma 초대 대통령으로부터 관타나모의 토지를 영구적으로 분양 받을 수 있었다. 관타나모기지를 분양받은 시간은 1903년 2월 23일이다. 1905년 팔마 대통령이 재선에 성공했지만 반대파의 거센 반대에 부딪쳤고 쿠바에는 민중시위가 발생했다. 팔마 정부를 지원하기 위해 미국은 1906년 다시 군사적으로 쿠바를 점령했고 이런 상태는 1909년이 되어서야 끝났다.[94]

○ 중국 침략

1900년 미국은 해병대를 포함한 5000명의 군인을 파견해 8국

93) 위의 책, 1979, 357쪽.

94) 『美国之霸权历史(五)入侵古巴』, http://hi.baidu.com/haochengyong/item/aa1f752d5ab0d9d60e37f939.

연합군의 중국 침략에 참가했다. 베이징을 점령한 연합군은 의화단의 반제 애국투쟁을 무참하게 진압했다. 이후 한 세기동안 미 제국주의는 부단히 중국에 군사위협과 무력시위를 했다. 1900년 이후부터 미국의 중국에 대한 침략은 두 단계로 구분할 수 있다. 첫째, 1900년부터 1949년까지 미국의 중국 침략은 주로 식민지 확장이라는 목표를 가지고 진행되었다. 둘째, 1949년 10월 중화인민공화국의 건립부터 1999년까지는 사회주의제도를 건립하고 민족의 독립과 인민의 해방을 얻은 새로운 중국을 다시 제국주의의 부속국으로 만들기 위한 목적이 분명하다. 이 두 단계는 밀접히 연결되어 있으며 두 번째 단계는 첫 번째 단계의 계승과 발전이라고 볼 수 있다. 결국 1900년부터 아메리칸 제1제국, 제2제국, 제3제국은 중국에 대해 끊임없이 무장침략과 군사위협을 감행했던 것이다. 아메리칸 제국의 중국에 대한 침략 본성은 124년이라는 기나긴 전통을 유지하고 있었던 셈이다.[95] 그렇다면 1844년 〈중미 망하조약〉을 체결한 시점부터 계산하면 미국의 중국 침략 유전자는 170년이나 변치 않고 유지되었다. 역사를 모르면 그만이지만 일단 알게 되면 소스라치게 놀랄 수밖에 없다.

○ 도미니카Dominica 침략

1911년 도미니카에서 반정부 시위가 발생하자 이듬해 태프트William Taft 미국 대통령은 두 명의 '특수 관리'를 파견해 시국을 관

95) 张海涛, 『何处是'美利坚帝国'的边界 - 1946年以来美国对华战略策略史』, 第六章 第三节, 人民出版社, 2000, 368-380쪽.

찰했다. 두 외교관은 해병대원 750명을 대동하고 세관을 보호한다는 명의로 산토 도밍고 항구를 점령했다. 미국의 압력을 받은 도미니카 의회는 새 대통령을 선출했지만 여전히 불안한 형세를 통제할 수 없었다. 1913년 9월 미국 국무장관은 반정부 세력이 정권을 잡는다 해도 이를 승인하지 않을 것이며 미국은 도미니카의 일부 세금을 압류할 것이라고 경고했다. 동시에 도미니카 주재 미국 공사는 "공평한 선거"를 미끼로 반정부 세력이 무기를 내려놓고 선거에 참가할 것을 독촉했다. 선거가 시작되자 미국은 도미니카 국민들의 강력한 항의에도 불구하고 3명의 옵서버observer를 파견해 군함에서 선거를 관찰하도록 했다. 결국 재정과 정치적 측면의 간섭은 무장 개입으로 이어졌다. 1916년 5월, 미국은 "자국 공사관과 국민을 보호"한다는 명의로 군함을 산토 도밍고 항구에 파견했다. 지휘관은 장사정포의 호위를 받으며 해병대를 도미니카 영토에 상륙시켰고 5월 13일 수도를 점령했다.[96] 미국의 도미니카에 대한 간섭은 1924년까지 지속되었다.

40년이 지난 1946년 4월 25일, 린든 존슨Lyndon Johnson 대통령은 또 다시 미국 국민의 재산과 생명을 보호한다는 이유로 항공모함과 1,100명의 해병대원을 동원해 도미니카를 침범했다. 4월 27일부터 시작된 공격이 고전을 면치 못하자 미군은 전투기와 군함, 탱크, 포병부대까지 동원했고 군인도 3만 5천 명으로 증가되었다. 이런 적나라한 침략은 라틴아메리카 국가들의 반대와 세계 여론

96) 丁则民, 姜德昌,「一百多年来美国对多米尼加的干涉和侵略」,『吉林师大学报』第2期, 1965, 84-86쪽.

의 강렬한 질타를 받았다.97)

○ 아이티 침략

1911년부터 1915년 사이 아이티의 정국이 혼돈 속에 빠졌다. 1915년 7월 28일 우드로 윌슨Woodrow Wilson 대통령은 미 해병대에 아이티 수도 포르토프랭스로 진격하라는 명령을 내렸다. 세계 여론을 무마하기 위해 미국은 "아이티의 평화와 재건을 위한 것"이라는 이유로 6개월 간 아이티를 통제했다. 미국의 '고문'들이 아이티의 세관과 은행 등 모든 행정부처를 장악한 상태였다. 그리고 아이티 국민소득의 40퍼센트는 반드시 미국과 프랑스 은행의 채무를 상환하도록 규정했다. 미국의 조치는 아이티의 경제를 파탄 냈고 인민들은 극도의 가난에 빠졌다. 아이티의 애국 지사들은 "모든 재산이 미국 은행가의 주머니 속으로 들어갔다."고 비난했다. 그러나 미국은 해병대의 강력한 무력을 앞 세워 아이티의 모든 권력을 장악해 버렸다. 심지어 해병대의 일부 장교들이 직접 아이티의 지역 행정을 통제하기도 했다. 이런 상황은 1934년 미 해병대가 철수하면서 종료되었다.98)

○ 한국전쟁

제2차 세계대전 종전 이후 일본 식민지였던 한반도는 남북으

---

97) 『美国之霸权历史(十三)占领多米尼加』, http://hi.baidu.com/haochengyong/item/ffd621c0efdc2d51ad00ef39.

98) 北文编著,『美利坚风雨二百年 - 战争给了美国什么』第一版, 中国友谊出版公司, 2006, 123쪽.

로 분열되었다. 북쪽은 소련의 세력 범위에 들어갔고, 남쪽에는 미군이 진주했다. 1948년 5월 남한에서 선거가 진행되었고 이승만이 대통령에 선출되었다. 거의 비슷한 시기에 북쪽에서는 조선민주주의인민공화국이 건립되었고 김일성을 지도자로 선출했다. 상반되는 이데올로기로 극심하게 대립했던 한반도의 형세는 급기야 1950년 6월 25일 전쟁으로 격화되었다. 김일성이 이끄는 조선인민군은 북위 38도선 이남으로 진격했는데 3일 이후 남한의 수도 서울을 점령하고 말았다.[99] 위급한 상황에서 트루먼 대통령은 한국전쟁에 전면적으로 개입할 결정을 내린다.[100] 6월 26일, 트루먼 대통령은 일본에 주둔하고 있던 미 공군을 한반도에 파견했고 27일에는 제7함대를 대만의 지룽基隆과 가오슝高雄 항구에 파견했다. 미국은 한국전쟁의 기회를 빌어 양안 문제에 개입하면서 중국의 통일을 방해하는 전략을 구사했다. 동시에 유엔안보리를 이용해 유엔군을 구성했고 미국 출신의 맥아더 장군이 연합군 사령관에 임명되었다. 맥아더의 지휘 하에 유엔군은 신속히 북쪽으로 진격했고 급기야 압록강변까지 그 세력을 확장하면서 중국의 국경과 안보를 위협하는 상황이 나타났다. 미국의 위협에 직면한 중국은 10월 25일 중국인민지원군을 만들고 "항미원조, 보가위국抗美援朝, 保家衛國"의 구호 하에 압록강을 넘어 북한 인민군과 함께 전쟁에 참가했다.

---

99) 위의 책.

100) 『美国之霸权历史(九)介入朝鲜战争』, http://hi.baidu.com/haochengyong/item/86f175f42648b84a932af239.

84. 인천항에 상륙하는 유엔군과 맥아더 장군
(출처: http://people.com.cn/GB/tupian/70/20021025/850562.html.)

1951년 5월말까지 북중 연합군은 5차례의 대규모 전역에서 유엔군 및 한국군 23만 명을 소멸하고 전세를 38도선 부근에 고정시켰다. 전쟁 초반에 승승장구했던 유엔군은 압록강변으로부터 38도선 이남으로 퇴각했고 방어 태세에 진입했다. 1951년 6월 30일, 전장에서의 열세를 만회하기 위해 미국은 소련의 평화회담 제안을 받아들이고 북중 양국과 회담할 것에 동의했다. 북한인민군 총사령관 김일성과 중국인민지원군 펑더화이彭德懷 사령관은 공동성명을 발표하면서 평화회담에 참가할 의사를 밝혔다. 1951년 7월 15일부터 회담이 시작되었고 결국 1953년 7월 27일 전쟁 양측은 '정전협정'에 사인했다. 평화회담 역시 순조롭지 못했는데 전쟁과 회담이 교차적으로 진행되면서 상대방을 압박하는 상황이 연출되었다. 미국은 거만한 자세로 임했는데 회담이 불리할 경우에는 군사적 수단을 동원해 험악한 분위기를 만들어 북중 양국을 압박했다. 미국은 '여름 공세'와 '가을 공세'를 실시했는데 세균무기까지 동원하는 등 비열한 수단을 사용하기도 했다. 1952년 10월, 미국은 일방적으로 회담을 중단하고 상감령 근처에서 대규모 공세를 발동했다. 그러나 미국의 선제공격이 고전을 면치 못하자 다시 회담을 호소했다. 1953년 7월 27일, 북중 연합군과 미국이 인솔하는 연합군이 끝내 정전협정을 체결했다. 결과 북위 38도선을 기준으로 남북한이 분열되었고 군사분계선에 비무장지대가 조성되었다. 정전협정에 참가했던 미군 총사령관 클라크Mark W. Clark는 회고록에 심경을 밝혔다. "나는 승리하지 못하고 정전협정에 조인한 최초의 미군 사령관이라는 영예롭지 못한 이름을 남기게 되었다." 항미원조 전쟁의 승리는 아시아와 세계의 평화를 수호했고 중국의 국제적 위상을 드높였다. 전쟁의 희생을 감수한 중국은 국내 경제건설을 위해 상대적으로 유리한 국제환경을 조성할 수 있었다.[101]

○ 쿠바 침략

1959년 카스트로Fidel Castro가 이끄는 혁명군이 미국의 괴뢰정권을 전복했다. 이에 대응해 1960년부터 미국 중앙정보국은 플로리다주와 도미니카, 과테말라, 온두라스 등 지역에서 쿠바 반정부 세력을 결집해 카스트로 정부를 다시 전복하려고 시도했다. 1961년 훈련을 마친 용병들이 미군의 지휘 하에 쿠바 상륙을 시도했다. 특별 여단으로 구성된 부대는 보병, 자동화 부대, 공수부대, 포

101) 北文编著,『美利坚风雨二百年 - 战争给了美国什么』第一版, 中国友谊出版公司, 2006, 124, 126, 129쪽.

병대, 장갑차 부대 등 현대화 무기로 무장했다. 미국은 이들을 지원하기 위해 C-54 수송기 8대, B-26 폭격기 14대, 상륙함 10대를 동원해 화력 지원을 강화했다. 미 국방부는 심지어 잠수정까지 파견해 쿠바 연안에 대한 정찰을 진행했고 상륙을 위한 적합한 위치를 탐색했다. 1961년 4월 4일, 케네디 대통령은 '명왕성'으로 명명한 작전계획을 지시했다. 4월 17일, 1,500명으로 구성된 특별여단이 미군 전투기의 엄호를 받으며 쿠바 중부 지역에 성공적으로 상륙했고 북쪽으로 진격했다. 그러나 공격은 쿠바 인민들의 격렬한 저항을 받았고 72시간의 전투를 거쳐 90명의 용병이 사살되고 나머지 천여 명은 포로로 잡히고 말았다. 이것이 바로 역사에서 유명한 '피그스만 침공Bay of Pigs Invasion'이다.[102)]

○ 베트남 침략

1945년 제2차 세계대전이 종전된 이후 베트남은 호치민Ho Chi Minh이 이끄는 공산군을 위주로 프랑스군과 기나긴 독립전쟁을 진행했다. 1954년 디엔비엔 푸 전역에서 패배한 프랑스군은 항복 선언을 했고 이는 반세기 가까이 지속되었던 식민지 시대가 끝났음을 의미했다. 그러나 프랑스 세력을 축출한 베트남은 완전한 독립 대신 남북 분열이라는 상황을 받아들여야 했다. 북부에는 호치민이 이끄는 사회주의 국가가 건립되었고 남부에는 응오딘 지엠Ngô Đình Diệm이 미국의 지원을 받아 반공주의 정권을 건립했다. 사실

102) 『美国之霸权历史(五)入侵古巴』, http://hi.baidu.com/haochengyong/item/aa1f752d5ab0d9d60e37f939; "猪湾事件"; 古巴击退"美军"入侵, http://www.huaxia.com/thjq/jsgoucheng/2011/04/2378583.html.

베트남과 프랑스 식민지군의 전쟁 과정에서 미국은 프랑스에 대량의 원조를 제공했다. 그러나 프랑스의 패배와 베트남 공산당의 막강한 세력은 미국의 공포를 불러왔고 1960년대 베트남 전쟁에 개입하는 중요한 원인이 되었다.

1959년 베트남 공산당 지도부는 무력으로 베트남을 통일할 데 관한 결정을 내리게 된다. 1960년 베트남 내 응오딘 지엠 정권을 반대하는 정치세력들이 민족해방전선을 결성했는데 실질적인 지도자는 베트남 공산당이었다. 이에 대응해 미국은 베트남에서 '공산주의와 대항'하는 모습을 보여줄 필요가 있었다. 1961년 5월 케네디 대통령은 응오딘 정권을 지원하기 위해 남베트남에 특전사를 파견했다. 이 사건은 베트남 전쟁의 시작을 상징한다.[103] 1964년 8월 4일, 미국 정부는 자국의 구축함이 베트남 공해 상에서 순찰 업무를 진행하는 과정에 북베트남 어뢰의 공격을 받았다고 주장한다. 그러나 이는 미국이 베트남 전쟁을 발동하기 위해 조작한 사건이라는 것이 추후 밝혀졌다. 미국은 이 기회를 빌어 오랫동안 준비했던 '전쟁의 제한적 확대 전략'을 추진할 수 있었다. 따라서 미군은 '대규모 폭격'과 '초토화 전략'을 구사해 북베트남에 대해 대규모 폭격을 진행했다. 전쟁의 상황이 격화되었고 1967년이 되면서 베트남에 투입된 미군은 50만 명에 달했다.[104] 그러나 베트남 인민들의 격렬한 저항에 부딪쳐 미국은 전혀 베트남을 정복할 수

103) 北文编著,『美利坚风雨二百年 - 战争给了美国什么』第一版, 中国友谊出版公司, 2006, 117쪽.

104) 『美国之霸权历史(十四)发动越战』, http://hi.baidu.com/haochengyong/item/031a567011c5d012d0dcb336.

85. 1969년 5월, 남중국해에 출몰한 미군 제7함대(위) (출처: http://commons.wikimedia.org/wiki/File:CVA-34_DD-716_DD-877_AO-43_AFS-1_1969.jpg.)

86. 베트남 전쟁에 투입된 미군(아래) (출처: http:/baike.baidu.com/picture/14949/14949/0/odb2c 9ca342ed418f31fe7e1? fr=lemma&ct = single # aid = 0&pic = 0db2c9ca342ed418f31fe7el.)

없었다. 1973년 1월 27일 장기간의 담판을 거쳐 미국과 베트남민주공화국은 〈파리회담〉을 체결하게 된다. 이는 미국의 베트남 침략 시도가 완전히 실패했음을 의미한다.

○ 파나마 침공

파나마 운하는 대서양과 태평양을 연결하는 인공 운하다. 운하가 개통되면서 아메리카 대륙을 횡단하는 거리가 7,000-8,000 해리 정도 단축되었고 아시아와 유럽 사이의 항해 거리도 4,000-5,000 해리가 단축되었다. 운하의 개통은 세계 해운업의 발전에 거대한 공헌을 했다. 파나마 운하는 수에즈 운하와 함께 전략적 가치를 가진 '세계의 교량'이었다. 그리고 수에즈 운하를 설계했던 프랑스 공정사 드 레셉스Ferdinand Marie Vicomte de Lesseps가 1880년부터 파나마 운하의 건설 계획을 추진했다. 그러나 9년 동안 추진되었던 이 프로젝트는 여러 가지 원인으로 중단되고 말았다. 그 틈새를 미국이 비집고 들어와 1904년에 운하 건설 계획을 구입한 후 1914년 운하가 개통되었다.[105] 1914년부터 1979년까지 65년 동안 〈파나마 운하 관리위원회〉가 미국-파나마 공동명의로 운하를 운영하고 있었지만 실질적인 지배권은 미국이 장악하고 있었다. 미국은 운하에 대한 관리를 강화하기 위해 주변 1432 제곱 킬로미터의 지역을 '운하 구역'으로 지정해 미국이 임명하는 총독이 관리하게 했다. 이 독립된 구역에서는 미국 국기가 걸렸고 미국의 법률이 적용되었다. 반대로 파나마 국민의 자유로운 진출이 제한되었는데 마치 "나라 안에 존재하는 별도의 나라" 같은 형식이었다. 1977년 9월, 당시 파나마의 실권을 장악하고 있던 토리호스Omar Herrera Torrijos 장군이 지미 카터 대통령과 〈파나마 운하 조약〉을 체결했다. 조약의 내용에 따르면 미국은 22년 후인 1999년 12

105) 巴拿马运河要扩建, http://hsb.hsw.cn/2006-10/24/content_5830171.htm.

월 31일 운하의 소유권을 파나마에 반납하며 모든 수익금을 파나마 정부가 통제한다고 합의되었다.

그러나 미국은 신의를 버리고 조약을 통과시키지 않았다. 1989년 파나마의 실권자 마누엘 노리에가Manuel Noriega 군정장관이 미국에 경고를 보냈다. 만일 미국이 조약을 통과하지 않으면 운하를 파괴할 수도 있다는 최후통첩이 내려졌다.[106] 파나마의 경고를 받은 미국은 1989년 12월 20일 무력 침공을 감행했다. 파나마에 대한 무력 침공은 1973년 베트남 전쟁 종전 이후 미국이 진행했던 가장 큰 규모의 군사작전이었다. 남방 사령부 소속 1만 3천 명의 미군이 5개 방향에서 파나마 시티와 그 주변의 목표물을 습격했고 노리에가 장군은 미국의 감옥에 수감되었다.[107]

고작 220만 인구를 가진 파나마는 미국의 공격에 속수무책으로 당하고 말았다. 부시 대통령은 파나마 정부의 최고 지도자인 노리에가 장군을 직접 미국에 압송해 당지 법원의 판결을 받도록 했다. 미국의 최고법원은 또한 "미국은 외국에서 외국인을 체포해 직접 미국에서 재판을 진행할 수 있다."고 공개적으로 밝혔다. 물론 노리에가 본인에 대한 평가는 파나마에서도 찬반 여론이 엇갈리지만 그것은 어디까지나 파나마의 내정에 속하는 것이었다. 그러나 미국은 국제법을 무시하고 타국 내정을 무례하게 간섭하는 행위를 서슴지 않았다. 주요한 원인은 파나마 운하가 갖고 있는 중요한 전략적 가치 때문이었다. 더불어 최고장관이었던 노리

---

106) 巴拿马运河, http://zh.wikipedia.org/wiki/巴拿马运河.

107) 北文编著,『美利坚风雨二百年 - 战争给了美国什么』第一版, 中国友谊出版公司, 2006, 137쪽.

87. 왼쪽은 파나마 군정장관 시절의 노리에가 장군. 오른쪽은 미국 마이애미 수용소에 수감 중인 노리에가 장군.

에가 장군이 더 이상 미국의 의사에 따라 행동하지 않자 미국은 군대를 파견해 주권국가의 지도자를 납치하는 방법까지 불사했던 것이다. 사실 이런 극단적인 방법은 미국의 역사나 세계의 근현대사에서 찾아볼 수 없었던 사례였다. 그럼에도 불구하고 미국의 최고법원은 자신의 행위와 판결이 공정하다고 자부했다.

미국의 파나마 침공은 세계 여론의 질타를 받았다.[108] 특히 라틴아메리카 국가들은 미국이 〈파나마 운하 조약〉을 이행하지 않으려는 의도에 대해 격렬하게 비난을 퍼부었다. 세계 여론의 압박에 못이긴 미국은 1995년 결국 조약에 합의된 내용대로 운하의 소유권을 파나마에 반납할 것을 결정했다. 1999년 12월 31일, 파나마 정부는 최종적으로 운하의 전부 통제권을 반환 받을 수 있었다.[109] 파나마의 저항은 마치 '계란으로 바위를 치는' 것처럼 무모해 보였지만 그 결과는 미국의 패배로 끝났다.

108) 『美国一共入侵过几个国家?』, http://wenda.so.com/q/1365728411069594.

109) 俄罗斯军舰二战后将首次穿越巴拿马运河, http://www.chinadaily.com.cn/hqgj/2008-12-05/content_7273017.htm.

○ 유고슬라비아 중국대사관에 대한 폭격

1999년 5월 7일 자정, 미국 미주리 주 화이트만 공군기지Whiteman Air Force Base에서 출격한 B-2폭격기는 5발의 미사일을 유고슬라비아 주재 중국대사관 건물에 발사했다. 결과 중국 기자 3명이 폭격에 의해 생명을 잃었고 20여 명의 외교관이 부상당하고 말았다. 국제법에 의하면 대사관은 해당 국가의 영토로 간주되는 주권의 개념이다. 따라서 미국의 중국대사관 폭격은 중국 영토와 주권에 대한 공격으로 간주되었다. 중국 정부는 바로 성명을 발표해 미국의 폭행에 대해 강렬한 질책과 항의를 표시했다. 베이징, 상하이, 광저우, 청두 등지의 대학생들이 당지의 미국 대사관과 영사관으로 몰려가 항의했다. 중국의 청년들은 "패권에 반대한다.", "침략에 반대한다.", "주권을 보위하자."는 구호를 외쳤고 전체 중국인들이 격분한 감정에 휩싸였다.

88. 폭격에 의해 폐허로 변한 유고슬라비아 중국대사관
(출처: http://www.guancha.cn/history/2013_05_08_143209.shtml.)

89. 폭격에 희생당한 중국 기자(왼쪽부터) 신화사 기자 사오윈환邵雲環, 광명일보 기자 쉬싱후許杏虎와 아내 주잉朱穎.(출처: http://roll.sohu.com/20130508/n375240891.shtml.)

90. 중국 대학생들의 항의 시위 (출처: http://www.baxue.com/junshilishi/34549_5.html.)

중국의 항의에 직면한 미국은 클린턴 대통령과 올브라이트 국무장관이 '오폭'에 대해 중국 정부와 국민에 사과를 표시했다. 그러나 코언William Cohen 국방장관과 국무부의 고급 관료들은 오히려 중국을 위협하고 나섰다. 크레이머 국방부 차관보는 해당 사건에 관한 국회 발언에서 오히려 미국의 전체 전략을 강조했고 아시아와 태평양에 주둔 중인 10만 미군을 거론하고 나섰다. 이는 분명히 중국에 대한 적나라한 무력시위와 군사적 위협이었다. 미국의 언론도 가세해 중국 대학생들의 시위를 청나라 말기 의화단 운동에 비유하면서 조롱했다. 심지어 1900년 8국 연합군에 참가했던 미 해병대의 사진을 화면에 내보내면서 미국은 강력한 군사 수단을 보유하고 있음을 강조했다.[110)]

○ 아프간 전쟁

9.11 테러가 발생한 후 미국은 바로 전쟁상태를 선포했다. 2차 대전 이후 처음으로 본토가 습격을 당한 미국은 그야말로 복수의 칼날을 갈았다. 9.11 사건에 대한 조사 결과 빈 라덴과 알카에다가 미국의 목표물이 되었다. 미국은 당시 알카에다 조직이 활동하고 있던 아프간에 빈 라덴을 체포해 넘길 것을 요구했지만 거절을 당하고 말았다. 이에 격노한 미국은 아프간의 탈레반 정부를 공격할 것이라고 위협했지만 탈레반은 오히려 미국과 '성전'을 진행할 것이라고 맞대응했다. 2001년 10월 7일부터 12월 24일 사이 미국은 아프간의 탈레반 정권과 빈 라덴의 알카에다에 대해 전쟁을 선포했다. 그러나 전쟁이 진행됨에 따라 미국의 의도는 테러와의 전쟁과는 달리 중앙아시아 지역에 대한 세력확장에 더 관심을 갖는 듯한 모습을 보였다. 결과 테러와의 전쟁이라는 명의를 빌어 미국은 구소련 지역의 중앙아시아에 군사적 패권을 확립할 수 있었다.[111)]

---

110) 张海涛,『何处是'美利坚帝国'的边界：1946年以来美 - 国对华战略策略史』, 人民出版社, 2000, 1-21쪽.

111) 北文编著,『美利坚风雨二百年 - 战争给了美国什么』第一版, 中国友谊出版公司, 2006, 179-180쪽.

○ 이라크 전쟁[112)]

2003년 3월 20일에 시작된 이라크 전쟁은 2011년 12월 18일까지 진행된 장기전이었다. 미국이 전쟁을 발동한 주요한 이유는 이라크가 대규모 살상무기를 보유하고 있다는 것이었다. 2003년 3월 20일, 미국은 유엔안보리의 동의를 얻지 못한 상태에서 이라크에 대한 전쟁을 발동했다. 영국과 프랑스가 가세해 10만 명의 군인이 전쟁에 투입되었는데 이라크는 전쟁 동안 수십만 명의 민간인이 사망하고 수백만 명의 부상자가 나왔다. 전쟁 결과 미국은 순조롭게 이라크 전역을 점령했고 사담 후세인을 사형에 처했다. 그 대가로 미국은 30년 동안 이라크의 석유를 독점할 수 있는 권리를 얻었고 중동 지역에서 강대한 군사적 존재를 유지할 수 있게 되었다.

그러나 이라크 전쟁은 미국의 군사력과 국력을 소모하는 전장이 되고 말았다. 미국의 부와 군사력이 중동 지역에 투입되면서 다른 적대세력을 소멸할 수 있는 기회를 상실하는 결과를 가져왔다. 결국 9년 동안의 전쟁에 막대한 국력을 투입했지만 이라크에서 '대규모 살상무기'를 발견하지 못했고 수동적으로 전쟁을 끝낼 수밖에 없었다. 따라서 전쟁을 발동했던 최초의 이유가 거짓으로 밝혀지면서 미국의 가면과 위선 역시 국제사회의 비판을 받게 되었다.[113)]

112) 『伊拉克战争』, http://baike.so.com/doc/5366621.html#5366621-5602345-5.

113) 『美国侵略伊拉克八年得到了什么?』, http://blog.sina.com.cn/s/blog_5e624bdb0102dsl9.html.

(3) 명백한 운명Manifest Destiny(미국의 사회적 사조)

미국 건국 이전의 100년과 건국 이후 200년의 역사를 지배했던 이데올로기와 가치관은 '명백한 운명'의 사회적 사조와 실용주의 철학이념이 혼재된 사상이었다.

17세기 중엽부터 영국의 청교도를 중심으로 하는 유럽의 식민주의자들이 북미 대륙으로 이민하기 시작했다. 새로운 대륙을 개척하는 과정에 이들은 천부 운명론의 사회적 사조를 통해 정신적 위안을 얻고자 했다. 사실 천부 운명론은 왜곡된 기독교 교의와 백인 우월주의 사상, 그리고 폭력의 합법화 의식이 서로 결합된 가치관이다. 북미 대륙에 상륙한 초기의 식민주의자들은 원주민들의 토지와 재산을 약탈하는 선봉 역할을 해야 했다. 그 과정에 수많은 살인과 약탈이 이루어졌는데 청교도 출신의 유럽인들은 반드시 이런 행위를 '하느님의 뜻'으로 돌려 '명백한 운명Manifest Dignity'임을 증명해 심리적인 위안을 얻어야만 했다. 이처럼 천부 운명론의 사회적 사조는 200년 간의 진화를 거쳐 1840년대에 와서는 미국사회의 주류 이데올로기와 정부의 입법 기준이 되었다. 사상의 발전 과정에는 수 많은 학설과 주장이 등장했는데 주요하게 세 가지 분파가 존재했다.

첫째, 인종주의 학설. 미국에 정착한 앵글로색슨 민족은 하느님이 선택한 가장 우수한 선민이다. 이들은 조물주가 창조한 가장 훌륭한 존재이고 태어날 때부터 다른 민족을 지배해야 하는 운명을 가졌다.

둘째, '천부 운명설'. 이들은 하느님의 지시를 받아 전체 인류의 운명을 지배하며 조물주는 세상의 모든 창조물을 지배할 권리를 부여했다.

셋째, 폭력의 합법성을 주장한다. '명백한 운명'의 이치에 따라 인류 세계의 모든 창조물을 지배하기 위해 언제 어디서든지 폭력을 사용할 수 있고 전쟁을 시작할 수 있다. 심지어 아메리카 대륙 밖에서도 영토 확장을 위해 폭력을 행사할 수 있고 '미국식 민주'114)와 '평화적 이행', '내부 모순 유발' 등 수단을 동원해 '명백한 운명'의 자연법을 실현할 수 있다.

이처럼 〈천부 운명론〉은 1800년대에 미국 사회를 지배하는 사고방식으로 자리 잡았다. 그러나 그 본질은 일종의 '우매한 부적'과도 같은 사상으로 종교적 미신과 인종 우월감에 젖어 있는 일부 미국인들로 하여금 흥분상태에 이르도록 하는 것이었다. 이처럼 사상의 최면상태에 진입한 개척자들은 총과 칼을 휘두르며 모든 약자를 유린하며 영토확장을 진행했다. 우선 북미 대륙의 서부에서 생활하고 있던 원주민을 몰아냈고 다음으로 남부의 식민지를 개척했다. 더 나아가 중남미의 광활한 영토와 해양이 미국의 세력에 편입되었고 오래지 않아 아프리카와 아시아마저 같은 운명을 면치 못했다. 마치 독일의 역사학자 하인츠 골비처Heinz Gollwitzer 박사가 〈중국 위협론〉을 비판했던 것처럼 〈천부 운명론〉 역시 제국주의의 구호에 불과했다. 미 제국주의는 전 세계적 범위에서 식민지 확장을 위해 본국의 일반 국민들을 동원할 필요가 있었으며 여론과 사회의 지지를 받기 위해 이런 정치적 구호를 만들어내야 했다. 마

---

114) 雷·艾伦·比林顿著, 周小松等译,『向西部扩张 - 美国边疆史』下册, 商务印书馆, 1991, 206쪽.

르크스는 미국의 이런 수법에 대해 신랄한 비판을 진행했다.

> 소위 기독교 사상을 신봉하는 이들이 세계의 곳곳에서 자신이 지배하는 민족에 대해 진행했던 야만적이고 잔혹한 폭행은 역사상 그 어떤 야만과 우매, 폭행과 무지를 행했던 민족보다 더 참혹한 것이었다.115)

간단하게 정리하자면 〈천부 운명론〉과 같이 식민주의, 제국주의자들이 만들어 낸 정치적 구호는 일부 미국인들의 극단적인 민족 이기주의를 적나라하게 드러냈다. 이런 사상이 1840년대의 미국에서 유행할 수 있었던 원인은 그들의 북미 대륙에 대한 식민지 개척에서 유발된 원죄라고 볼 수 있다. 또한 〈천부 운명론〉은 미국의 외교전략에도 장기간 영향을 주었으며 심지어 현재까지도 발전 진화하고 있다. 이런 극단적인 민족 이기주의를 실현하기 위해서는 적당한 철학이론이 기반을 형성해줘야 한다. 그것이 바로 점차 미국 사회의 주도적 이론으로 자리 잡은 실용주의 철학이다.

(4) 미국의 실용주의 철학 이념

실용주의Pragmatism는 고대 그리스의 단어 '행동'에서 파생되었다. 이후 1870년대에 현대 철학의 분파로 자리잡게 되었고 20세기에 와서는 점차 미국의 주류 철학사상으로 진화했다. 실용주의는 실질적으로 미국의 법률, 정치, 교육, 사회, 종교와 예술의 연구에

115) 马克思,「资本论」,『马克思恩格斯全集』第23卷, 人民出版社, 1972, 820쪽.

중요한 영향력을 미쳤다. 실용주의 학파가 탄생한지 140년 이래 수 많은 학파와 주장이 존재했지만 그 핵심 이념은 그 본질을 벗어나지 못했다.

실용주의의 근본적인 원칙은 바로 '확정적인 신념'을 바탕으로 행동의 중요성을 강조하며 실질적인 효과를 취득하는 것을 최고의 목표로 삼는 것이다. 여기서 행동과 행위의 중요성은 바로 자산계급의 극단주의 이기성을 적나라하게 폭로하고 있다. 즉 행동이 개인과 집단에 실질적인 이익과 대가를 안겨준다면 이런 행위가 객관적인 사실이나 사회적 윤리도덕에 부합하는지 따질 필요가 없다는 세계관이었다. 따라서 도덕과 이익이 충돌할 때 도덕보다는 이익을 선택해야 하는 것이다. 즉 윤리적 도덕보다는 실질적인 이득이 생기는 행동을 숭배하는 것이다.

제2차 세계대전 기간 이탈리아의 독재자 무솔리니Benito Mussolini는 주변인들에 실용주의에 대한 자신의 경험을 설파한 적이 있다. 즉 자신은 실용주의 철학가를 훌륭한 스승으로 모시고 있으며 이들의 사상 속에서 "행동의 자신감과 생활, 전쟁에 관한 강력한 의지를 발견할 수 있었고 이는 파시스트가 성공할 수 있었던 이유"라는 것이었다.[116] 그러나 역사는 무솔리니에게 이미 객관적인 평가를 내렸다. 2차대전이 끝나기도 전에 무솔리니는 이탈리아 인민들에 의해 비참한 최후를 맞고 말았다.[117]

여기까지 우리는 역사적 사실을 이용해 논리적으로 국제사회

---

116) 『实用主义』, http://zh.wikipedia.org/wiki/实用主义.

117) 『意大利法西斯墨索里尼是怎么死的?』, http://wenwen.sogou.com/z/q139253824.htm?w/.

에 존재하는 두 가지 세력의 발전 방향에 대해 간략한 서술을 했다. 미국이 장기간 중국을 반대하는 정책을 추진하는 것은 절대 역사의 우연이 아니다. 역사의 발전 상황으로 보면 미국의 유전자와 이데올로기에는 바로 이런 역사의 발전과 상반되는 요소가 들어있기 때문이다. 또한 이론과 사실을 이용해 미국과 그 추종자들이 설파하고 있는 〈동해 버전의 중국 위협론〉과 〈남중국해 버전의 중국 위협론〉에 대해서도 비판과 반격을 가했다.

그러나 마르크스 유물주의 역사관은 우리로 하여금 문제의 본질을 밝힐 것을 요구한다. 인류 역사의 모든 단계에서 사회적 실천 활동과 이데올로기는 모두 당시의 사회적 기초인 경제체제의 영향을 받는다. 따라서 경제체제에 대한 정확한 이해만이 진실을 밝히고 시비를 가릴 수 있는 정확한 방법이다. 때문에 미국과 그 추종자들이 주장하는 중국 위협론의 근원을 이해하려면 역시 100여 년 동안 지속되어 온 미국의 독점적 자본주의 즉 제국주의 경제체제를 분석하고 그 원인을 밝혀야 할 것이다.

(5) 미국의 독점자본주의와 제국주의경제체제

마르크스와 엥겔스는 인류사회의 발전사에 관해 대량의 연구를 진행했고 객관적인 역사사실에 기초해 과학적인 결론을 얻어냈다. 이들의 연구에 의하면 인류사회의 발전은 다섯 가지 형태와 체제를 경험했다. 즉 원시사회에서 노예사회, 봉건사회, 자본주의, 사회주의 단계로 발전하는 법칙이 존재한다. 이런 사회적 제도와 체제는 상이한 '경제적 기초'와 '상층 건축'의 형태로 표현된다.

마르크스주의에서 '경제적 기초'는 사회의 생산력 수준이 결정하는 생산관계의 총합이라고 보며 사회를 형성하는 기초라고 본다. '상층 건축'은 경제적 기초에서 형성된 이데올로기와 그에 적합한 정치, 법률 제도를 가리킨다.

마르크스는 1859년에 발표한 「정치경제학 비판 서언」에서 '경제적 기초'와 '상층 건축'의 관계에 대해 이론적인 정의를 내렸다. "인간은 본인이 생활하고 있는 사회에서 안정적이고 필연적이며 다른 사람의 의지에 의해 변화하지 않는 관계를 형성한다. 즉 본인의 물질 생산력의 발전 단계와 적응하는 생산관계를 가지게 된다. 이런 생산관계의 총합이 사회의 경제적 구조를 결정한다. 그리고 법률과 정치 등 상층 건축은 그와 상응한 사회적 이데올로기와 현실적 기초를 기반으로 한다."[118] 엥겔스 역시 저서에서 '경제적 기초'와 '상층 건축'의 관계에 대해 더 발전한 이론을 제기했다.

한 사회의 기초는 그 사회의 경제관계와 시스템이다. 즉 생산관계의 총합이며 주요하게 생산자료의 소유제, 생산과정과 그 속에서 인간들 사이의 관계와 분배관계 등 세 가지 요소를 포함한다. 그 중에서 생산관계의 소유제는 가장 중요하고 결정적인 요소이다. '상층 건축'은 복잡하고 방대한 시스템인데 그 사회의 '관념의 상층 건축'과 '정치의 상층 건축' 두 부분으로 구성된다.

'관념의 상층 건축'은 정치, 법률, 사상, 도덕, 종교, 문학예술, 철학 등 이데올로기를 포함한다. '정치의 상층 건축'은 계급사회를 말하는데 즉 정치법률제도와 강력 기구, 주요하게 군대와 경찰,

118) 马克思,「政治经济学批判」序言,『马克思恩格斯全集』第13卷, 人民出版社, 1962, 8쪽.

법원, 감옥, 정부 부처와 정당, 사회단체 등을 가리킨다. 이 중에서 정권이 가장 중요한 핵심이다.

'관념의 상층 건축'과 '정치의 상층 건축'은 서로 연결되고 견제하는 관계이다. 전자는 후자를 위해 사상적 이론의 근거를 제공하고 후자는 전자의 전달과 실현을 위해 물질적 보장을 제공한다. '정치의 상층 건축'은 사상의 '물질적 부속물'이며 인간이 의식에 근거해 자발적으로 건립된다. 일단 형성된 '정치의 상층 건축'은 '관념의 상층 건축'에 대해 강력한 영향력을 미치며 서로 적응하는 관계를 형성하도록 강제한다.

계급사회에서 '상층 건축'은 물론 계급성을 나타낸다. 동일한 사회적 형태 속에서도 상이한 계급과 정치집단과 이데올로기가 존재하며 이들은 각자 자신의 사회경제적 기초와 경제관계의 다양성을 대표한다. 통치계급의 사상은 그 사회의 통치적 위치를 차지하는 사상이다. 계급이 없는 사회에서 경제관계는 대립하는 성격을 갖지 않으며 '상층 건축'에도 계급성이 존재하지 않는다.

'경제적 기초'는 '상층 건축'이 존재할 수 있는 근본적 원인이고 첫째의 성격이며 결정적인 요소이다. 동시에 '상층 건축'은 '경제적 기초'가 정치와 사상의 측면에서 표현방식이고 둘째의 성격이며 파생된 결과이다. 경제적 기초는 상층 건축을 결정하고 상층 건축은 반대로 경제적 기초에 반작용을 제공한다.

'경제적 기초'가 '상층 건축'에 대한 결정적 역할을 아래와 같다. 첫째, '경제적 기초'는 '상층 건축'의 생성을 결정한다. 관념과 정치상의 상층 건축은 모두 경제적 기초에 적응한 결과이다. 상층 건축은 일단 형성되면 상대적으로 독립성을 가지며 자신의 발전 법칙과 일정한 역사적 계승의 성격을 가진다. '정치의 상층 건축'은 표면 상 사회의 상층에 군림하고 사회와 동떨어진 세력처럼 보인다. 둘째, '경제적 기초'는 '상층 건축'의 성격을 결정한다. 어떤 성격의 경제적 기초가 존재하면 바로 똑같은 성격의 상층 건축이 형성된다. 상층 건축의 근본적 성격은 그의 경제적 기초에 근거한다. 노예제의 경제적 기초에서 건립된 노예제 국가는 노예주 계급의 사상을 핵심 이데올로기로 한다. 그리고 봉건주의 경제적 기초에서 건립된 봉건주의 전제제도는 지주계급의 사상을 핵심 이데올로기로 할 수밖에 없다. 같은 도리로 자본주의 경제적 기초에서 건립된 국가는 자산계급의 사상을 핵심 이데올로기로 한다. 셋째, 경제적 기초는 상층 건축의 변혁을 결정한다.

상층건축이 경제적 기초에 대한 반작용은 주요하게 자신의 존재를 위해 적극적으로 봉사하게 한다는 것이다. 상층 건축은 일단 형성되면 적극적인 추진력을 가지며 자신의 경제적 기초를 형성하고 발전시키기 위해 노력한다. 동시에 자신을 반대하고 위협하는 경제적 기초 그리고 나아가 정치세력과 이데올로기와 투쟁한다. 정치의 상층 건축은 강제적 수단을 동원해 인간의 행위를 질서라는 테두리에 한정시킨다. 관념의 상층 건축은 여론을 이용해 현재의 경제, 정치제도의 합리적 측면을 강조하고 인간의 사상과 행동을 통제한다. 통치계급은 이런 '상층 건축'을 이용해 자신의 통치 이익과 경제적 이익을 수호한다.

'경제적 기초'와 '상층 건축'의 상호관계에서 전자는 원인이고 후자는 결과이다. 유물사관은 경제적 기초의 결정적 역할을 부정하는 〈유심주의〉를 반대하는 동시에 '상층 건축'의 반작용을 부정하는 형이상학에 대해서도 반대한다. 이상 두 가지 관점은 모두 '상층 건축'이 반드시 '경제적 기초'에 적응한다는 규칙을 위배하는 사상이다.[119]

이상에서 마르크스 유물사관과 정치경제학의 기본 원리에 대해 간단한 설명을 했다. 이런 기본적인 원리는 마르크스와 엥겔스가 장기간 인류사회의 발전사를 대량의 역사 사실에 근거해 연구한 과학적 결론이다. 물론 이들의 성과는 이전의 철학자와 연구물의 기초에서 부단히 창조적으로 발전시킨 결과이다. 따라서 보편적인 진리라고 볼 수 있으며 우리가 미국의 '세기적 망언'의 근원을 분석하는 이론으로 사용할 수 있다.

마르크스는 인류사회의 다섯 가지 발전 형태를 종합적으로 고찰한 이후 특히 자본주의사회 경제관계의 본질에 대해 더 심도 있는 연구를 했다. 마르크스 정치경제학의 노동가치이론과 잉여가치이론은 상품이라는 세포를 통해 점차 더 복잡한 관계를 파헤쳤으며 과학적으로 자본주의 제도하의 '필요한 노동'과 '잉여 노동'의 대립적 성격을 분석했다. 이를 통해 자산계급이 이윤을 착취하는 방법과 자본주의 착취의 비밀을 밝혀냈다.

이 책의 목적이 마르크스정치경제학과 자본주의사회의 경제적 관계를 상세하게 설명하는 것이 아니기 때문에 단지 간단한 설명만 했을 뿐이다. 만일 마르크스의 사상을 이해하려면 『자본론』이나 현재 중국의 대학교들에서 사용하고 있는 『정치경제학』 교과서를 참고하기 바란다.

---

119) 『经济基础与上层建筑』, http://baike.baidu.com/view/107932.htm?fr=aladdin.

마르크스는『자본론』에서 대량의 사실을 들어 식민주의자와 자본가, 자산계급이 어떤 수단을 통해 자본의 원시적 축적을 이루었는지 설명했다. 폭력으로 얼룩진 이들의 과거는 "피와 불의 문자를 통해 인류 역사"에 기록될 것이다. 때문에 마르크스는 "자본이 세상에 나타났을 때 머리부터 발끝까지 모두 피와 더러운 물질로 얼룩졌다."고 비판했다.[120] 자본주의의 원죄와 자산계급의 탐욕을 폭로하기 위해 마르크스는 아래와 같은 표현을 사용했다. "이윤은 자본을 자극한다. 10퍼센트의 이윤이 생긴다면 자본은 어디든지 나타날 것이다. 20퍼센트의 이윤이 생긴다면 자본은 흥분할 것이다. 50퍼센트의 이윤이 생긴다면 어떤 위험도 감내한다. 100퍼센트의 이윤이 생긴다면 사회의 모든 법률을 짓밟을 것이다. 300퍼센트의 이윤이 생긴다면 어떤 범죄도 저지를 것이며 교수형의 위험도 감내할 것이다. 만일 분쟁과 소란이 이윤을 가져온다면 자본은 분쟁과 소란을 만들어 낼 것이다. 밀수와 노예무역이 바로 증거이다."[121]

19세기 말부터 20세기 초 사이에 자유자본주의는 점차 제국주의로 이행하게 된다. 즉 자본제국주의의 시대가 열리게 된다. 레닌은 자본주의 발전의 새로운 단계에 대한 고찰을 통해 마르크스의 이론을 더 발전시킨다.[122] 레닌의 이론에 의하면 제국주의의 가장 기본적인 특징은 독점자본의 통치이다. 제국주의시대에 자본주의 사회의 모든 모순이 더 격화된다. 제국주의 국가에는 여러

---

120) 马克思,『资本论』,『马克思恩格斯全集』第23卷, 人民出版社, 1972, 782, 829쪽.

121) 위의 책, 1972, 829쪽.

122) 列宁,「帝国主义和社会主义运动中的分裂」,『列宁选集』第2卷, 1972, 884쪽.

가지 형식의 독점 조직이 나타나는데 이는 경쟁을 완화하는 것이 아니라 반대로 더 넓은 범위에서 더 큰 규모, 더 격렬한 형태로 경쟁이 진행된다. 그리고 소비시장과 원자재 시장, 투자 시장을 쟁탈하기 위해 제국주의 집단들 사이에 세력범위를 분할하려는 경쟁이 격화된다. 그러나 현실 상황은 더 이상 쟁탈할 수 있는 식민지가 존재하지 않는다. 하지만 자본주의경제 발전의 상태가 불균형하기 때문에 후발주자인 제국주의 국가들은 강대한 국력을 바탕으로 이미 식민지를 차지한 제국주의 국가들 수중에서 이익을 쟁탈해야 하는 상황이 나타나게 된다. 이런 모순은 결국 1898년 미국과 스페인의 전쟁으로 나타났고 더 나아가 1914년 제1차 세계대전으로 격화되었다. 전쟁의 결과 미국과 독일은 모두 제국주의 후발주자였지만 서로 다른 결과를 받아들여야 했다. 유럽 대륙에 위치한 독일은 패전국이 되었던 반면 미국은 대서양과 태평양의 천연 요새를 배경으로 전쟁의 참화를 입지 않았을 뿐만 아니라 무기수출 등을 통해 오히려 전쟁의 수익자가 되었다. 제1차 세계대전 이후 미국은 가장 강대한 제국주의국가로 부상했다.

전쟁에서 패배한 독일은 복수의 칼날을 갈았다. 마침 히틀러라는 독특한 인물이 나타났고 나치조직의 〈복수주의〉에 동원된 독일은 또 다시 전쟁의 길에 올랐다. 1939년 독일이 발동한 제2차 세계대전이 전체 유럽을 휩쓸었다. 전체 유럽이 전쟁의 불길로 타올랐지만 미국은 여전히 우월한 지리적 조건을 이용해 전쟁의 가장 큰 수혜자가 되었다. 유럽의 전쟁과 거리를 두려 했던 미국은 1941년 진주만이 일본의 습격을 받자 수동적으로 반 파시스트 전쟁에 참가하게 되었다.

그러나 1945년 전쟁이 끝나고 현재까지 70년 동안 아메리카 제국은 전혀 선량하게 변하지 못하고 여전히 악행을 거듭하는 국가로 남아 있다. 전쟁을 통해 갑자기 세계 패권의 '졸부'로 승격한 미국은 현재 종합적 국력이 가장 강대한 유일한 슈퍼 대국이다.

아메리칸 제국주의의 비열한 근성은 미국의 국가제도와 계급적 특성에서 기원한다. 미국 외교정책에 깊은 영향을 미친 조지 케난은 1980년대에 발표한 저서를 통해 국내정치와 외교정책의 관계를 적나라하게 폭로했다. 미국은 대량의 국민 세금을 무기생산과 수입 및 방대한 국방체제를 유지하는데 지출하고 있다. 이런 체제는 냉전의 대립을 통해 더 고착되고 강화되는 국내 이익집단을 만들어냈다.[123] 케난이 지적한 '방대한 이익집단'은 바로 미국의 군산복합체Military-Industrial Complex를 가리킨다. 군수산업에 종사하는 독점 자산계급은 무기제조, 판매, 수출 산업에 종사하는 자본가, 전략물자의 생산, 가공, 수송 등 산업을 책임진 자본가, 군수산업과 관계된 운송회사의 금융자본 등 구성원들로 이루어졌다. 사실 미국사회는 이들 군산복합체와 군수산업 독점자본이 통제한다고 봐도 무방하다. 이들이 미국의 경제를 장악하고 정치와 문화를 조종하고 있다. 특히 민주주의 선거제도를 시행하는 미국에서 정치인은 선거자금이 필요한데 이들을 지원하는 세력이 바로 군수산업 독점자본인 것이다. 따라서 국회의원, 국무장관, 국방부장 심지어 대통령까지 독점 자산계급의 정치 대리인으로 전락할 위

123) 乔治·凯南著, 葵阳等译,『美国外交』, 世界知识出版社, 1989, 130, 137-138쪽.

험이 있다.[124] 이런 방식으로 선출된 정치권력은 대내외 정책을 추진하는 과정에 독점 자산계급의 입맛에 맞는, 이들의 이익을 극대화할 수 있는 방향으로 나갈 수밖에 없다. 이런 결과는 바로 미국의 독점 자산계급이 설계해 놓은 가장 이상적인 정치구조이고 가장 큰 이득을 취득할 수 있는 제도적 안배인 셈이다. 특히 독점 자산계급은 전쟁을 통한 횡재가 가장 용이하다는 점을 숙지하고 미국정부를 압박해 대규모 전쟁이나 지역 분쟁에 참가하게 한다. 이런 결과 자본가들은 부를 창조할 수 있지만 반면에 일반 국민들은 막대한 세금을 부담해야 하고 직접 전장에 나가 전쟁의 희생품이 되어야 한다.

간략하게 정리하면 미국 건국 이후의 400년 역사는 식민지 확장과 전쟁으로 도배된 악행의 연속이었다. 그 근원은 바로 자본제국주의 경제체제와 독점자산계급의 탐욕에 기반한 근성에서 찾을 수 있다. 이런 형식의 경제체제 즉 '경제적 기초'가 존재하기 때문에 이에 적응하는 '관념의 상층 건축'과 '정치의 상층 건축'이 가능한 것이다.

'관념의 상층 건축'은 정치, 법률, 사상, 도덕, 종교, 문학과 예술, 철학 등 이데올로기를 포함한다. 구체적으로 미국이 숭배하는 '천부 운명론'과 같은 사회적 사조와 '폭력의 합법성'을 설파하는 주장, 실용주의 철학이념, 효용을 중시하며 도덕을 경시하는 이데올로기, 그리고 중국 위협론 등은 모두 '관념의 상층 건축'에 속하는 내용들이다.

---

124) 王毅,『美国简史』, 安徽人民出版社, 2013, 183-186, 190, 198쪽.

'정치의 상층 건축'은 정치, 법률 제도와 권력기구인 군대, 경찰, 법원, 감옥, 정부조직과 정당, 사회단체 등으로 구성된다. 미국의 경우 참의원과 중의원에서 정부가 제정한 확장, 침략 정책을 통과시켜 세계 패권의 수립에 일조하는 현상이다. 이런 정책을 통해 미국은 세계의 방방곡곡에 육해공군을 파견해 이득을 쟁탈하고 있다. 이런 현상은 모두 '정치의 상층 건축'에 포함되는 내용이다.

'정치의 상층 건축'과 '관념의 상층 건축'은 맡은 역할이 분명하며 서로 협력하고 촉진하는 관계이다. 미국은 '정치의 상층 건축'에 속하는 강제적 수단을 이용해 일반 국민을 포함한 세계의 다른 국가들까지 자신이 수립한 질서 속에 통제하려 한다. 또한 '관념의 상층 건축'에 속하는 여론을 이용해 제국주의의 이념과 구호를 설파하고 선량한 국민들을 속이고 동원해 자신의 경제, 정치제도의 합리성을 인정받으려 한다. 결론적으로 미국의 통치계급인 독점 자산계급은 '상층 건축'을 이용해 자산계급의 정치적 통치와 경제적 통치의 지위를 수호하고 있는 것이다.

이상의 분석으로부터 우리는 미국이 주장하고 있는 중국 위협론, 그리고 '동해에서의 중국 위협론', '남중국해에서의 중국 위협론' 등 형형색색의 파생물들이 끊임없이 나타나는 것은 결코 역사의 우연이 아니라는 사실을 알 수 있다. 현재 중국의 주변에서 불협화음이 나타나는 것은 바로 아메리칸 제국의 건국 400년 역사에서 지속적으로 추진했던 식민지 확장 정책의 필연적 결과가 작동하기 때문이다. 이런 현상은 모두 국제 형세의 발전 방향과 시대의 추세에 역행하는 세력이 중국을 반대하는 정책을 추진하고 있기 때문이다. 그 중심에는 미국 제국주의가 존재한다.

그렇다면 시대의 발전추세에 역행하는 이들 세력에 맞서 중국은 어떤 자세를 취해야 하는가? 중국의 마지노선은 어디까지인가?

3) 중국의 마지노선 - 주권 문제는 절대 거래의 대상이 아님

국제사회는 약육강식의 〈밀림의 법칙〉이 아직도 유효한 무정부상태의 특징을 가지고 있다. 이런 험악한 환경에서 약소 국가의 주권은 언제든지 침해당할 수 있는 위험에 처해있다. 동시에 현재 국제법이 규정한 기본적인 원칙과 신념, 이념들도 도전과 침해를 받는 상황이다. 이는 약소국가들로 하여금 항상 위기의식에 사로잡혀 있으면서 외부로부터 오는 위협에 대비하고 주권을 지켜내야 하는 압박감을 느끼게 한다.

중국은 현재 세계에서 가장 큰 개발국가이다. 19세기부터 100여 년 동안 중국의 정치주권과 경제주권은 수 없이 유린 받았다. 1840년 아편전쟁이 시작되면서 주권을 상실했고 열강들에 점령당했던 역사의 아픔은 현재 중국이 국가존엄을 수호하고 정치, 경제적인 독립을 결사적으로 지키려는 반면 교재가 되어 국민들을 자극하고 있다. 그러나 인류사회가 21세기에 진입한 현재의 시점에서 중국은 아직도 정치와 경제주권을 수호해야 하는 공방전을 벌이고 있다. 국제 패권주의와 강권 정치가 호시탐탐 중국의 주권을 위협하는 현재, 우리는 30여 년 전 등소평이 남겼던 격언을 다시 반복할 필요가 있다. "중국인민은 다른 국가와 인민들과의 우호적인 협력관계를 소중하게 생각한다. 그러나 장기간 힘든 투쟁을 거쳐 취득한 독립자주의 권리를 더 사랑한다. 어떤 국가든지 중국을 부속국으로 만들거나 중국의 이익을 훼손하려는 시도에 대해 중국은 엄중하게 거절한다."[125]

2010년 원자바오溫家寶 총리는 등소평의 취지와 비슷한 발언을 했다. "중국의 주권과 영토에 관한 중대한 문제에 대해, 우리는 아주 가난했던 시절에도 당당한 태도를 유지했다."[126] "중국은 우의와 원칙을 중시하지만 동시에 국가의 핵심이익을 당당하게 수호할 것이다. 주권과 통일, 영토에 관한 문제에서 중국은 절대 양보하거나 타협하지 않는다."[127]

국제 형세의 급속한 변화와 중국의 해양 영토가 위협받는 위기에 직면해 시진핑 주석은 강력한 발언을 했다. "그 어떤 국가도 중국이 핵심이익을 가지고 타협할 것이라고 기대하지 말아야 한다. 중국은 절대 주권과 안보, 발전의 이익을 포기하지 않을 것이다."[128]

2013년 4월, 중국 국무원 신문판공실에서 『국방백서』를 발표했다. 백서는 정치와 군사적 측면에서 중국 새 지도부의 국제 형세에 관한 태도와 시각을 설명했다. 현재 국제 형세는 총체적으로 평화적이고 안정적인 태세를 유지하고 있다. 그러나 세계는 여전히 불안한 요소가 존재하며 패권주의과 강권정치, 신 간섭주의가 다시 나타나고 있으며 일부 지역에서 소요사태와 함께 민감한 이슈가 분쟁으로 격화하고 있다. 전통안보와 비전통안보의 문제가

125) 邓小平, 「中国共产党第十二次全国代表大会开幕词」(1982.9.11.), 『邓小平文选』, 人民出版社, 1983, 372쪽.

126) 「温家宝总理答中外记者问」, 『人民日报』, 2010.3.15, 第2版.

127) 温家宝, 『认识一个真实的中国』(在第六十五届联大一般性辩论上的讲话), http://politics.people.com.cn/GB/1024/12800629.html.

128) 习近平, 『更好统筹国内国际两个大局 夯实走向和平发展道路的基础』, http://news.xinhuanet.com/politics/2013-01-29/c_11453823.htm.

서로 교차되어 나타나고 군사영역에서의 경쟁이 날로 치열해지고 있으며 안보문제가 돌발적으로, 종합적으로 서로 연결되어 나타나고 있다. 아시아 태평양 지역이 점차 세계 경제발전과 강대국 경쟁의 중심이 되고 있는데 미국의 동아시아 정책 변화는 지역질서에 심각한 영향을 미치고 있다. 중국은 여전히 복잡하고 다양한 안보위협에 직면하고 있으며 안보와 경제의 측면에서 도전 받고 있다. 동시에 국가의 통일과 영토의 수호, 경제의 발전에 관해 중대한 임무를 안고 있다. 일부 국가는 아시아 태평양 지역에서 군사동맹을 강화해 분쟁과 긴장을 조성하고 있다. 또 일부 역내 국가들은 중국의 영토 주권과 해양 이익과 관련된 문제를 복잡하게 확대하는 전략을 추진하고 있다. 특히 일본은 조어도 해역에서 끊임없이 분쟁을 만들어낸다. 이처럼 다양하고 복잡한 위협과 도전에 직면해 중국의 국방이 반드시 고수해야 하는 기본적인 정책과 원칙은 바로 국가의 주권과 안보, 영토, 평화와 발전의 형세를 수호하는 것이다. 적극적인 방어적 군사전략을 시행할 것이며 침략에 대한 방어와 저항을 강화하고 분열세력을 억제하며 변경과 해양, 영공의 안보를 수호한다. 국가의 해양 주권과 우주공간과 네트워크 공간의 이익도 수호할 것이다. "상대방이 나를 건드리지 않으면 나도 가만히 있겠지만, 일단 나를 건드리면 나도 반드시 보복할 것이다.人不犯我, 我不犯人, 人若犯我, 我必犯人"라는 논리를 포기하지 않으며 모든 필요한 조치를 취해 국가주권과 영토 안전을 수호할 것이다.[129]

---

129) 『中国武装力量的多样化运用』国防白皮书, http://news.xinhuanet.com/mil/2013-04/16/c_124567705.htm.

2014년 3월 28일 오후, 시진핑 주석은 독일 베를린에서 중요한 발언을 했다. "중국은 수십 년 동안 자주독립의 평화적 외교정책과 반 패권주의, 반 강권정치, 그리고 내정 불간섭, 패권과 확장을 추구하지 않는 외교정책을 실시했다. 중국의 정책과 제도는 이렇게 설계되었고 실천 중에서도 이처럼 행동하고 있다. 중국은 확고부동하게 주권, 안보, 발전 이익을 수호해 나갈 것이며 그 어떠한 국가도 중국이 주권과 안보, 경제적 이익을 훼손당하는 결과를 감내할 것이라고 판단하지 말아야 한다." 시진핑 주석은 주변외교에 관한 질문에 대해 아래와 같은 답변을 했다. "가까운 이웃이면 사촌보다 낫다. 국가들 사이의 관계를 보면 친구는 선택할 수 있지만 이웃 나라는 선택할 수 없이 세세대대로 함께 지내야 한다. 이성적인 측면이나 감성적인 측면에서나 우리는 모두 주변 이웃 국가들과 친구처럼 우호적으로 지내는 것이 유일한 정확한 선택이라고 믿고 있다. 따라서 중국은 주변국가들에 친親, 성誠, 혜惠, 용容의 태도를 취하고자 한다. 현재 중국의 주변환경은 대체적으로 양호한 편이다. 중국은 협상과 대화를 통해 모순을 통제하고 분쟁을 해결하려 한다. 중국의 주권과 영토에 관한 중대한 문제에 대해 우리는 말썽을 일으키지 않겠지만 일단 상황이 발생하면 피하지도 않을 것이다. 또한 당당하게 중국의 합법적인 권리를 수호할 것이다."130)

2014년 4월 8일, 중국군사위원회 판창룽範長龍 부위원장은 기자

130) 『习近平谈领土主权问题：我们不惹事，但也不怕事』, http://news.qq.com/a/20140329/002299.htm.

회견에서 내방한 미국 국방장관과 치열한 격론을 펼쳤다. "성실하게 답변 드리자면 헤이글Chuck Hagel 장관이 최근 일본 방문 중에 발표한 언론에 대해 중국인민들은 아주 불쾌하게 생각하고 있다. 미국은 조어도 문제에 관해 한쪽 편에 서지 않는다는 원칙이 있음에도 불구하고 헤이글 장관은 일본의 집단자위권 문제에 대해 공개적으로 지지 의사를 밝혔다. 또한 중국이 남중국해에 대한 주권을 주장하는 것은 역사적 근거가 있다. 필리핀이 중국의 섬을 불법 점령하고 있는 것이 분명한 사실인데 장관은 왜 필리핀을 비호하고 중국을 질책하는가? 그리고 양안 문제가 현재 평화발전의 양호한 상태에 진입한 상태에서 미국 중의원이 법안을 통과해 대만해협의 모순을 유발하는 것은 절대로 착오적 행위이다."[131]

2014년 4월 8일, 중국 국무위원 겸 국방장관이었던 창완촨常萬全 장군은 헤이글 미 국방장관을 만난 공동 기자회견에서 주권문제는 중국의 핵심이익이라는 사실을 분명히 밝혔다. "영토주권과 관련된 문제에서 우리는 절대 타협하거나 양보하거나 거래하지 않는다. 특히 외부세력이 한치라도 침범하는 것을 허용하지 않는다. 중국군은 국가주권과 안보, 영토를 수호하는 사명을 안고 있으며 시시각각 다양한 형태의 위협과 도전에 대비할 준비를 하고 있다. 중국공산당과 인민이 부르면 언제든지 나타나고 싸울 수 있고 승리하는 부대이다."[132] 같은 해 8월, 『인민일보』는 헤이글 국

131) 『范长龙当面批美防长在日言论 : 中国不满意』, http://news.sina.com.cn/c/2014-04-08/221229889351.shtml.

132) 『常万全与美国国防部长哈格尔举行联合记者会』, http://news.mod.gov.cn/headlines/2014-04/09/content_4502883.htm.

방장관의 호주에서 발표한 언론에 대해 즉각 반박했다. "중국은 결코 쉽게 능욕할 수 있는 상대가 아니다. 무례한 도발 행동은 반드시 분명하고 결연한 반박에 부딪칠 것이다."[133)]

2014년 4월 10일, 보아오 포럼에서 리커창李克強 총리는 주제발언을 했다.[134)] "중국은 평화발전과 우호적인 주변 외교정책을 견지할 것이다. 동시에 영토주권을 수호하려는 결심도 변하지 않는다. 우리는 평화적 수단으로 분쟁을 해결하려 한다. 중국은 해상협력을 강화하는 적극적인 시도에 대해 환영한다. 그러나 남중국해의 평화와 안정을 위협하는 도발행위에 대해서는 즉시 상응한 조치를 취할 것이다. 중국인들은 예로부터 '은혜는 은혜로 갚고 원한은 원한으로 갚는다.以德報德, 以直報怨'는 원칙이 강했다. 우리는 감정을 중시하며 친구를 절대 섭섭하게 대하지 않는다. 우리는 원칙을 존중하며 기본적인 입장을 견지한다."

133) 『美不断坏规矩 中国必回击无理挑衅』, http://www.chinanews.com/mil/2014/08-14/6491214.shtml.

134) 李克强在博鳌亚洲论坛2014年年会开幕式上的主旨演讲, http://www.fmprc.gov.cn/mfa_chn/zyxw_602251/t1145916.shtml.

V. 맺는말

- 역사를 존중하고 합의점 찾기

본문은 이상의 분석과 설명을 통해 1870년대부터 현재까지 140년 동안 유행하고 있는 '황화론'과 중국 위협론에 대해 그 맥락과 계승 관계 및 실제 발생했던 사실들을 적나라하게 폭로했다. 이와 대조적으로 지난 3천 년 동안 중국이 진행했던 대외경제 교류의 역사는 평화와 문화교류가 주요한 내용이었다. 이런 대비를 통해 전 세계의 양지를 갖춘 인사들은 모두 '황화론'과 중국 위협론에 대해 아래와 같은 공통 인식을 가질 수 있다.

첫째, '황화론'과 그 변종인 중국 위협론은 인종 비하주의의 산물이다. 역사에서 황화론과 인종주의를 설파했던 인물들은 모두 명예롭지 못한 결과를 받아들여야 했다. 독일황제 빌헬름 2세, 러시아의 차르 니콜라이 2세, 독일제국의 히틀러 등은 모두 역사가 객관적인 평가를 내린 인물이고 역사의 치욕스러운 기둥에 그 이름들이 박혀 있다.

둘째, 여태까지 나타났던 '황화론'과 중국 위협론의 본질적인 핵심 내용은 모두 "중국을 침략하는데 이유가 있다."는 논리였다. 이런 류의 이론은 결국 중국을 침략하는 사전 준비가 되었고 현실적으로 중국에 대한 침략으로 이어졌다. 중국 위협론은 미국의 중국 침략에 편의를 제공했다. 우선 국제적으로 중국의 주변국가들에 공포 분위기를 형성해 중국과의 접근을 막고 미국에 편승하게 만드는 역할을 했다. 국내적으로는 일반 국민들의 중국에 대한 공포심을 조성하고 정부 정책에 대한 불만을 전이할 수 있는 수단으로 사용되었다.

셋째, 여태까지 나타난 '황화론'과 중국 위협론은 모두 정치적 기만술이었다. 도둑이 도둑을 잡아라고 먼저 소리 지르는 적반하장의 수단이었고 위협을 가하는 강한 자가 오히려 위협을 당했다고 주장하는 핑계거리였다. 때문에 역사에 대한 왜곡이고 역사의 진실과는 거리가 먼 기만술일 수밖에 없다.

넷째, 역사를 거울과 스승으로 삼아야 명석한 두뇌와 예리한 시각을 유지할 수 있다. 절대 미국의 패권이 설파하고 있는 21세기 버전의 '황화론' 즉 중국 위협론의 기만술에 넘어가지 말아야 한다. 동시에 "안락한 상황에서 위험을 인지하지 못하고居安而不思危", "위험한 상황에서 위험을 인지하지 못하는居危而不知危" 우를 범하지 말고 미국이 제기하는 중국 위협론의 위험한 결과에 대해 항상 대비하는 태세를 취해야 한다. 왜냐면 역사에서 나타난 '황화론'과 중국 위협론의 배후에는 어김없이 중국에 대한 침략을 시도하는 세력이 숨어 있었기 때문이다. 또한 중국의 주변국가들도 은혜와 의리를 저버리지 말고 이익에 눈이 멀어 친구를 버리는 우둔한 행동을 하지 말 것을 경고한다. 미국 패권주의와 그 동맹국의 추종자가 되어 "불 속에서 밤을 주우려는火中取栗" 행위는 오히려 본인의 신상에 불리하다.

다섯째, 미국 건국 이후 400년의 역사는 패권주의가 여전히 침략과 확장을 시도하고 그 선조로부터 물려받은 폭력과 이기주의 유전자가 절대 변하지 않는다는 사실을 가르쳐 준다. 미국 패권주의는 장기간 중국에 대한 침략을 추진했고 중국은 미국의 세계 확장 정책에서 중요한 구성 부분이다. 이는 절대 역사의 우연이 아니다. 때문에 미국이 "따뜻한 미소로 악수하고 인사할 때笑容可掬, 握手言歡"에도 배후에는 "군대를 이동하고 칼과 활을 겨누고 있다調兵遣將, 劍拔弩張"는 사실을 잊지 말아야 한다. 선배 혁명가들이 제국주의와 반동파와 진행했던 투쟁의 경험과 가르침을 잊어서 안된다. 반드시 "환상을 버리고 투쟁할 준비를 해주야丟掉幻想, 準備鬪爭"하고,[135] "투쟁으로 평화를 추구하면 성공할 수 있지만 양보와 타협으로 평화를 추구하면 실패할 것이다.以鬪爭求和平則和平存, 以退讓球和平則和平亡."[136] 때문에 "혁명의 양면 수단으로 반혁명의 양면 수단에 대응해야 하며以革命的兩手對付反革命的兩手"[137] "상대방이 나를 건드리지 않으면 나도 가만히 있겠지만, 일단 나를 건드리면 나도 반드시 보복할 것이다.人不髮我, 我不犯人, 人若犯我, 我

135) 毛泽东,「丢掉幻想, 准备斗争」,『毛泽东选集』第4卷, 人民出版社, 1991, 1483쪽.

136) 毛泽东,「目前抗日统一战线中的策略问题」,『毛泽东选集』第2卷, 人民出版社, 1991, 745쪽; 毛泽东,「关于重庆谈判」,『毛泽东选集』第4卷, 人民出版社, 1991, 1159쪽.

137) 毛泽东,「读苏联「政治经济学教科书」的谈话」,『毛泽东文集』8卷, 人民出版社, 1999, 112쪽.

必犯人." 주변 형세를 잘 관찰하고 "도리를 따지며 유리하게 절제하면서有理, 有利, 有節"[138] 투쟁을 진행하며 투쟁의 세 가지 단계를 잘 장악해야 한다. "첫째는 퇴각할 줄 알아야 하고, 둘째는 후발우세를 발휘해 상대방을 제압하며, 셋째는 눈에는 눈, 이에는 이退避三舍, 後發制人, 來而不往非禮也"[139]라는 전략이다. 투쟁 과정에서 반드시 정치의 지혜를 이용해 책략의 문제에서 원칙과 타협을 잘 사용해야 한다. 언제든지 "싸울 수 있다."는 인상을 줘야 평등한 위치에서 대화할 수 있고 충분한 준비를 해야 실수를 줄일 수 있다.

여섯째, 중국의 새 지도부는 시진핑 주석의 영도 하에 복잡하고 변덕스러운 국제 형세와 주변 형세에 직면해 중요한 판단과 지시를 내렸다. "항상 최악의 경우를 대비하는 사고방식을 가져야 한다. 모든 일은 최악의 경우를 대비하는 동시에 최선의 결과를 만들 수 있도록 노력해야 한다. 충분한 준비를 해 놓으면 위기에도 당황하지 않고 주도권을 장악할 수 있다."[140] 중국은 "주권과 핵심이익을 가지고 타협하지 않는다.", 중국인은 "말썽을 일으키지 않지만 또한 분쟁을 두려워하지 않는다.", 중국인민해방군은 전력을 강화하고 언제든지 "싸울 수 있고 승리할 수 있는 군대"라는 등 지시 내용은 모두 선배 지도자들의 투쟁경험과 가르침에서 얻은 소중한 지혜라고 할 수 있다.

일곱째, 중국의 평화적 부상은 역사의 필연적 추세이다. 역사

---

138) 앞의 책, 750쪽.

139) 毛泽东,「在中国共产党第七次全国代表大会上的结论」,『毛泽东文集』第3卷, 人民出版社, 1996, 389쪽.

140) 『习近平'底线思维'与胡锦涛'忧患意识'一脉相承』, http://cpc.people.com.cn/pinglun/n/2013/0410/c241220-21085026.html.

의 발전 방향을 인지하고 있는 중국은 더 자각적으로 중화민족의 우수한 전통을 계승하고 평화외교정책을 추진할 것이며 공동번영과 조화로운 세계를 위해 더 큰 공헌을 할 것이다. 그러나 동시에 중국인은 미국의 전략을 잘 인지하고 있기 때문에 패권주의자들의 중국에 대한 침략 의도에 대해 절대 경각심을 늦추지 않을 것이다. 미국 패권주의의 침략과 확장의 의도는 절대 역사의 우연이 아니다. 중국은 중화민족의 우수한 전통을 이어받아 외부 세력의 침략에 저항하고 반격하는 정책을 실시하고 국가의 주권과 독립을 위해 완강한 투쟁을 진행하며 최종 승리를 거둘 것이다.

찾아보기

| 라 |

| 마 |

| 바 |

| 사 |

| 아 |

| 자 |

| 차 |

| 카 |

| 타 |

| 파 |

| 하 |

지은이

천안陈安

중국 샤먼대학교(厦門大學)교수.
1950년 샤먼대학교 법학과 졸업.
1957년 상하이 푸단대학교(复旦大學) 정치학과 석사 졸업.
1981-1983년 미국 하버드 대학교 방문연구.
1990-1991년 미국 오리건 대학교 방문교수.
샤먼대학교 법대 학장, 국제경제법연구소 소장, 중국 국제경제법학회 회장, 중국 국제법학회 고문 등 역임.
1993년, 2004년, 2010년, 세 차례 중국정부의 파견을 받고 국제투자분쟁해결센터(ICSID) 중재위원으로 활동.
『국제경제 입법의 역사와 현황』,『국제경제법 총론』,『국제투자법학』,『국제무역법』,『국제화폐금융법학』,『국제해사법학』,『국제투자분쟁의 중재: 국제투자분쟁해결센터의 체제 연구』,『MIGY와 중국: 다자 투자 담보기구에 관한 평가』,『미국의 해외투자 법률보호와 사례 분석』,『국제세무법』 등 다수의 저서가 있음.

옮긴이

조청봉趙青峰

고려대학교 정치외교학과 박사과정 수료.
「水到渠成 : 建交前体育交流与中韩关系发展」,『冷战國际史研究』, 2018年01期.
「자극과 반응: 국교 수립 이전의 한중관계」,『중국인문과학』, 제68집.
「중국의 개혁개방 이후 북중동맹의 본질(1977-1992)」,『황해문화』, 통권 제100호.

탕쿤唐坤

중국 루동대학교(魯東大學校) 외국어대학 한국어과 교수.
고려대학교 아세아문제연구소 연구원.

미국 패권의 중국 위협론

초판 1쇄 발행 2019년 5월 27일

지은이 천안陳安
옮긴이 조청봉 · 탕쿤
펴낸이 홍종화

편집·디자인 오경희 · 조정화 · 오성현 · 신나래
김윤희 · 박선주 · 조윤주 · 최지혜
관리 박정대 · 최현수

펴낸곳 민속원
창업 홍기원 **편집주간** 박호원
출판등록 제1990-000045호
주소 서울시 마포구 토정로 25길 41(대흥동 337-25)
전화 02) 804-3320, 805-3320, 806-3320(代)
팩스 02) 802-3346
이메일 minsok1@chollian.net, minsokwon@naver.com
홈페이지 www.minsokwon.com

ISBN 978-89-285-1314-7
SET 978-89-5638-390-3 94080

이 도서의 국립중앙도서관 출판시도서목록(CIP)은 서지정보유통지원시스템
홈페이지(http://seoji.nl.go.kr)와 국가자료공동목록시스템(http://www.nl.go.kr/kolisnet)에서
이용하실 수 있습니다.(CIP제어번호: CIP2019019462)

※ 책 값은 뒤표지에 있습니다.
※ 잘못된 책은 바꾸어 드립니다.